週末にパパっと作って、平日は食べるだけ！

1週間3000円
作りおきレシピ

あおにーな

KADOKAWA

JN033113

はじめに

はじめまして、YouTubeで1週間作りおき動画を発信したり、レシピサイト
Nadiaで作りおきレシピを考案したりしている、
「あおにーな作りおきキッチン」のあおにーなです。

まずは、本書を手に取ってくださったみなさま、毎日のごはん作り、大変お疲
れさまです。
早速ですが、少し質問をさせてください。次の中からあなたに当てはまるものは、
いくつありますか?

☐ 毎日のごはん作り、何を作るかで悩む

☐ 料理のレパートリーが少ない、マンネリになりがち

☐ 栄養バランスのよい食事を考えるのが難しい

☐ 買ったことを忘れていて、つい野菜などを腐らせてしまう

☐ 時間に追われる日々で、心と時間に余裕がない

いかがでしたか?
当てはまるものが1つでもあれば、この本はきっとあなたのお役に立てることで
しょう。そして、当てはまる数が多ければ多い方にこそ、ぜひ試してみていた
だきたいです!

「作りおき」と聞いて、ハードルが高いと思われるでしょうが、ひと品からでも
立派な「作りおき」です。そしてそれは必ず明日のあなたを救います。なぜなら
次の日作らなければいけないメニューが1つ減り、それだけでも大きな安堵感
が得られるからです。

もちろん、休日に1週間分の作りおきをしておけば、さらに、毎日の料理時間が格段と短くでき、お弁当にも活躍できます。

本書では、マネするだけで簡単に作れる1週間ごとの作りおきレシピを2カ月分も紹介！　しかも、誰でも簡単にはじめられるよう、

● 献立カレンダー
● 買い物リスト
● 常備食材・調味料リスト
● 使う保存容器の数
これらをこの本1冊で完備しています。

さらに、便利な**1週間献立決めシート**と**冷蔵庫残り物チェックリスト**もついているので、まずは本書を参考に作りおき献立にチャレンジして、慣れてきたらこれらのシートを活用して、ぜひご自身でも献立を考えてみてください。

私にとって、レシピ本を出版することはたくさんある夢のうちの1つ。まずはその夢が叶い、とてもうれしく思っています。
そして、料理に悩みを抱えている方に本書を活用していただき、心と時間にゆとりを持って、大切な人との時間を少しでも多く持っていただけたら……。それが私の最終的な夢の実現になります。

みなさまが、そのうちの1人になっていただけたら、こんなにうれしいことはありません。

「あおにーな作りおきキッチン」あおにーな

contents

1 week

1週間3585円

あおにーな家で大人気献立

2 week

1週間2535円

超節約1人分100円以下献立

3 week

1週間2936円
手間なし技で楽ちん献立

4 week

1週間2570円
お肉100gで4人分献立

本書の注意点

- 計量単位は大さじ1＝15㎖、小さじ1＝5㎖です。
- 電子レンジは600Wを基準にしています。500Wの場合は1.2倍、700Wの場合は0.8倍で計算し、様子を見ながら加熱時間を調節しましょう。
- 電子レンジを使う際は、必ず耐熱性の保存容器を使いましょう。
- 炊飯器は10合炊きを使用しています。5.5合炊きの場合は、すべての材料の半量、3合炊きの場合は、1/3量で調理してください。

- 本書に記載している価格は目安です。実際は、物価や地域差、シーズンにより変動します。
- 保存期間は目安です。調理環境や気候によっても変わりますので、食べるときにそのつど鮮度を確認し、なるべく早めにお召し上がりください。
- ポリ袋はポリエチレン製で、耐冷温度が－30度、耐熱温度が110度のものを使用しています。お使いの耐冷・耐熱温度を確認し、用途を守ってお使いください。
- 料理の完成写真で、彩りとして添えられている野菜は材料には記載していません。

7

手間を省いて賢く時短！
段取りのコツ

1週間分の作りおきを作る際は、「段取り力」が調理時間を大きく左右します。ムダな作業を徹底的にカットして、短時間で効率よく作るコツをご紹介します！

調理の流れ

チェック1
炊飯するのに時間がかかるので、最初に取り掛かりましょう

1 冷蔵庫から使う食材をすべて出す。

2 炊飯器調理メニューの食材を切り、調理して炊く。

チェック2
「切る」作業をまとめてやることで調理時間を短縮！　まな板が汚れる肉や魚は最後に切ります

3 残りの料理で使う野菜→ちくわ・厚揚げ・油揚げ→肉・魚の順で切る。また、耐熱性の保存容器やポリ袋で調理するものは、ここで入れておく。

4 メニューごとに食材をまとめ、メインのおかずから調理し、粗熱を取る。

5 メイン料理を焼いたり煮込んでいる間、またはメイン料理後に副菜を作る。

6 粗熱が取れたら、すべてのメニューを冷蔵庫または冷凍庫に保存する。

食材ロス防止&節約できる
献立の立て方

ここでは、私が普段から行っている献立の立て方をご紹介します。節約する秘訣は冷蔵庫に残っている食材を使い切ること。自分で献立を立てるときの参考にしてください。

冷蔵庫残り物チェックリスト ※コピーして使用しましょう。

冷蔵室	野菜室	常温
□ 鮭（　）切れ	□ キャベツ（1/2）個	□ じゃがいも（　）個
□ サバ（　）切れ	□ レタス（1）個	□ 玉ねぎ（1）個
□ 豚こま肉（　）g	□ 大根（　）本	□ にんにく（　）個
□ 豚こま切れ肉（　）g	□ きゅうり（1）本	□ ごぼう（　）本
□ 豚バラ肉（　）g	□ もやし（　）袋	□ ツナ缶（2）缶
□ 鶏ひき肉（　）g	□ 長ねぎ（　）本	□ コーン缶（　）缶
□ 鶏むね肉（　）g	□ 小松菜（　）袋	□ トマト缶（　）缶
□ 鶏もも肉（　）g	□ ほうれん草（　）袋	□ 　　　　　（　）
□ 牛切り落とし肉（　）g	□ チンゲン菜（　）袋	□ 　　　　　（　）
□ ハム（　）枚	□ 水菜（　）袋	□ 　　　　　（　）
□ ウインナー（1）袋	□ 豆苗（　）袋	□ 　　　　　（　）
□ ベーコン（　）枚	□ トマト（　）個	□ 　　　　　（　）
□ 豆腐（　）丁	□ ミニトマト（　）個	□ 　　　　　（　）
□ 納豆（　）パック	□ しめじ（　）パック	□ 　　　　　（　）

1 「冷蔵庫残り物チェックリスト」で冷蔵庫の在庫を確認する

「冷蔵庫残り物チェックリスト」に冷蔵庫に残っている食材を記入する。

1週間献立決めシート ※コピーして使用しましょう。

	主菜	副菜	買い足すもの
3/27 Monday 月		・ツナ、きゅうり、にんじん → 春雨サラダ ・ごぼう → ごぼうサラダ	・野菜 ・にんじん 1本 ・ミニトマト 15コ ・小ねぎ
/28 Tuesday 火	・鶏玉ねぎ、長ねぎ → 香味だれ丼	・キャベツ、にんじん コンテスト → コールスロー	
/29 Wednesday 水		・切干し大根 ・見たおろサラダ	
/30 Thursday 木			・魚

2 1の食材を使い切るように、メニューを考える

冷蔵庫に残っている食材を使い切ることを考えながら1週間分の献立を考え、「1週間献立決めシート」の「主菜・副菜」に記入し、足りないものは「買い足すもの」に記入する。

3 記入した「1週間献立決めシート」を持って、お買い物へGO！

「買い足すもの」のみ買い物することで、余計なものを買ってしまうのを防いだり、時短になる。

献立シートと
冷蔵庫残り物チェックシートは
P142 ～ 143 をチェック！
コピーして使おう

おいしさ長持ち！
作りおきのポイント

作りおきおかずを作るときに気をつけたいポイントは次の5つ。衛生面に十分気をつけ、おいしく安全に作りおきを楽しみましょう。

① 調理前はしっかり手を洗い、消毒する

調理前には必ず手を洗いましょう。手首や親指のつけ根、爪の間まで洗い残しがないように、しっかり洗ってください。できれば手を洗った後、アルコール消毒でさらに消毒するのがベター。調理前だけでなく、肉や魚などを触った後や、途中でトイレに行ったりペットを触ったりしたなど、調理を一時中断した後も必ず洗いましょう。

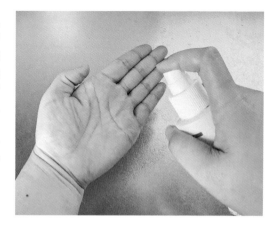

② しっかり火を通し、水気を切る

生ものは、雑菌が繁殖しやすいので、フライパンで炒めたり、電子レンジで加熱するときはしっかりと火を通しましょう。また、サラダや和え物、お浸しなどを作る際は、しっかりと水気を絞ります。しっかりと絞ることで、雑菌が繁殖するのを防ぎ、時間が経つにつれて食材から水気が出て味がぼやけるのを防ぐ効果もあります。

③ 調理器や保存容器は、消毒・乾燥させる

使用する調理器具や保存容器は、消毒・乾燥させたものを使用しましょう。食品にもスプレーできるキッチン用の除菌スプレーを吹きかけてペーパータオルなどで拭き取るか、煮沸消毒でもOK。保存容器はフタも忘れずに消毒してください。調理中によく使う、ふきんや手を拭くタオルなども清潔なものを用意しましょう。

④ 食べるときは箸やカトラリーを使いまわさない

食べるときは必ず取り箸を用意し、口に入れた箸で保存容器から直接取らないように気をつけましょう。また、調理した料理を冷蔵庫に保存した後、しばらくしてフタや容器に水滴がつくことがあれば、ペーパータオルなどできれいに拭き取ってください。

⑤ 粗熱を取ってから冷蔵庫または冷凍庫へ！

調理してすぐの熱い状態でフタをしてしまうと、水蒸気が保存容器の内側やフタに付着し、雑菌が繁殖する原因になってしまいます。必ず粗熱を取れたのを確認してからフタをし、冷蔵庫や冷凍庫で保存してください。粗熱を取る必要のある料理を先に作ると、効率よく調理できます。

> 湯気がなくなり、保存容器の底を触って温かくなければ粗熱が取れたサイン！

はじめる前に知っておきたい 作りおきQ&A

Q 効率よく短時間で作りおきをする秘訣は？

A 作りおきは献立を考える時間が意外とかかるので、**まずは作るメニューを手短に決めるよう意識すると時短**になります。また、キッチンまわりと冷蔵庫に材料や作った料理を置くスペースを確保しておくこともポイント。それ以外の詳しいポイントは、P8を参照してください。

Q 洗い物を少なくするにはどうしたら？

A フライパンで2品作る場合は、**フライパンが汚れにくいほうを先に作って**ペーパータオルで拭いて使います。**ポリ袋や耐熱容器を使って作り**、そのまま保存。見た目のよいガラス製の保存容器なら、食べるとき、そのまま食卓に出してもおかしくないので、使う食器の量を減らすことができますよ。

Q 保存容器の選び方のポイントは？

A 重視するポイントは「**耐熱性**」「**軽さ**」「**見た目**」の3つ。本書では、保存容器のまま電子レンジ調理をすることが多いので、必ず耐熱性のものを選んでください。軽さはお好みですが、軽いほうが洗うときなどに便利。また、保存容器のまま食卓に並べてもおしゃれな**ガラス製のものがあると重宝**します。

Q 作ったものは全部冷凍保存してもいい？

A 本書のレシピにはすべて保存方法が記載されています。**冷凍保存NGと記載**があるものは冷凍できないので、**必ず冷蔵室で保存**してください。冷凍保存可能なものは、保存容器や袋に入れ、しっかりと密封して空気に触れないように保存しましょう。

Q 作りおきに向かない食材は？

A 私は基本ないと考えますが、できるだけ早めに食べないと品質が落ちる料理でいうと、時間が経つと独特の香りが出る**マッシュポテト**や、空気に触れると変色する**アボカド料理全般**、水分が出やすい**キャベツともやしの両方を使った料理**は不向きといえます。

Q 食材ロスを防ぐポイントは？

A **作るおかずを事前に決めて、それに必要な食材を買うことが大切。**それでも食材が余ってしまう場合は、汁物に入れて活用しましょう。野菜などはカットしてラップに包み、密封保存袋に入れて冷凍しておけば、凍ったまま沸騰した鍋に入れてそのまま調理できます。

12

作りおきおかずに関するよくあるお悩みとその解決法をまとめました。
調理をはじめる前にチェックしておきましょう。

Q レシピがマンネリにならないようにするには?

A 料理がマンネリになる原因は、「食材がいつも同じ」か「味つけがいつも同じ」かの2つが挙げられます。**いつも買わない食材を買ってみる、食材の組み合わせを変えてみる、季節野菜を使う、新しい調味料の組み合わせを試してみる**などすることで、マンネリを打破することができますよ。

Q バランスのよい献立を組み立てるコツは?

A 献立を決めるときは、次の2パターンに当てはめてみてください。**「メインおかず＋副菜（＋副菜＋汁物）」**または**「主食（＋副菜＋汁物）」**の組み合わせ。その中で、緑と赤の食材を入れるよう意識すると、彩りよく自然に栄養バランスもとれることが多いです。

Q 作りおきをお弁当に入れるときに気をつけることは?

A あらかじめ冷凍するときは、フタつきの製氷器にカップを敷き詰めて、その中に入れて冷凍します。お弁当に詰めるときは冷凍された状態で詰めれば、食べる頃には自然と解凍されおいしく食べられます。形が固まって詰めにくい場合は、電子レンジで20秒ほど加熱して、半解凍させると詰めやすくなります。

Q お弁当をキレイに詰めるコツはある?

A まずは詰めるおかずをすべて用意し、お弁当の右側から、**ごはん→バラン→メインおかず→バラン→カップに入れた副菜①→副菜②**の順番で隙間がないように詰め、最後にミニトマトなどで彩りを足せば完成! レタスで区切り、隙間なく詰めるのがポイントです。

Q 常備しておくと便利な食材は?

A ツナ缶やコーン缶、カットトマト缶、サバ缶などの缶詰や、切り干し大根、乾燥ひじき、カットわかめ、とろろ昆布、塩昆布といった**乾物類**は、常備しておくと何かと便利! そのほか、**ピザ用チーズ、小ねぎ、しめじ、しいたけ**も常備。小ねぎときのこ類はあらかじめカットして保存しています。

Q 週末はどんな料理を作ればいいの?

A 我が家では、少しずつ余った作りおきをワンプレートごはんにして**在庫処分**をしたり、**作りおきできないメニュー**(卵料理や生ものなど)を楽しんだり、**主食のみ**にしてラクをすることが多いです。もちろん外食を思いっきり楽しむのもおすすめです。

本書の使い方

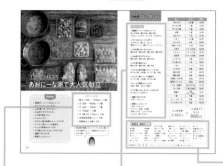

チェック1　1週間分の食材を まとめ買いしてムダをカット！

1週間ごとに買い物リストを記載しているので、それを見ながら週末にまとめ買いをすれば、節約をしながら買い物に出かける手間も省くことができます。また、買い物リストから購入に必要な参考の金額もあるので、献立を考えるときに役立ててみてください。

使用する容器

1週間分の作りおきを保存するのに必要な、保存容器の種類と数になります。作りはじめる前に確認し、用意をしてからはじめましょう。

代用品一覧表

各レシピで、食材の変更をしてもおいしく作れる代用品を紹介しています。冷蔵庫にある食材で作りたいときや、より安い食材で作りたいときなどの参考にしてください。

常備食材・調味料リスト

買い物リストに記載の食材以外で、その週に必要な常備食材や調味料を記載しています。買い物に行く前に確認し、ないものは用意してください（常備食材や調味料は、1週間の金額に含まれません）。

チェック2

1週間分の献立がひと目でわかる！

1週間分の献立リストを記載しているので、その週に何を作るかがひと目でわかります。半量ずつ使うレシピもあるので、毎日の献立は必ずここを見ながら食卓に並べてください。

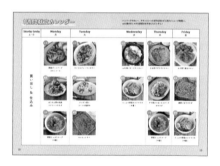

チェック3

レシピを見ながら休日に作りおきをする

一度に作りおきをする料理の数は10品程度。本書では一般的な休日の週末に作るように設定していますが、平日がお休みの方は、休日にまとめて作るのがおすすめです。

DATA の見方

すべてのレシピに、調理時間、保存期間、保存容器の種類、温め時間、お弁当に使えるかどうかを記載しているので参考にしてください。なお、冷凍の温め時間は、冷凍のまま電子レンジで温める分数です。

DATA

1人分114円

調理時間	20分
保存期間	冷蔵3日、冷凍14日
保存容器の種類	保存容器（特大）
温め時間	冷蔵600W5分、冷凍7分
お弁当	可

1
week

あおにーな家で
大人気献立

1週間3585円
あおにーな家で大人気献立

menu

- 厚揚げハンバーグきのこソース
- サイコロジャーマンポテト
- café 風バターチキンカレー
- むね肉でザクザクチキン
- みそ照り焼きチキン
- キャロットラペ
- ほうれん草の和風ツナコーンサラダ
- チンゲン菜とコーンの塩炒め
- たっぷり野菜のツナマリネ
- デリ風さつまいもとチーズのサラダ
- 濃厚ごぼうサラダ
- 野菜たっぷりスープ

使用する容器

- 特大（1200 ～ 1500㎖）×2個
- 大（800 ～ 900㎖）×2個
- 中（600 ～ 700㎖）×1個
- 小（500㎖）×2個
- ポリ袋（25×35cm）×2枚
- 冷凍用保存袋（小）×2枚
- 炊飯器または鍋×2台

我が家で何度もリピートしている大人気おかずを集めました！ 自信作ばかりなので、ぜひお試しください。

1week 買い物リスト

代用品一覧表

◆厚揚げハンバーグきのこソース
合いびき肉→豚ひき肉、鶏ひき肉
しめじ、しいたけ→エリンギ、えのきたけ

◆サイコロジャーマンポテト
じゃがいも→里いも、山いも
厚切りベーコン→薄切りベーコン、ウインナー

◆Café風バターチキンカレー
鶏もも肉→鶏むね肉、鶏ささ身、鶏ひき肉

◆むね肉でザクザクチキン
鶏むね肉→鶏もも肉、鶏ささ身

◆みそ照り焼きチキン
鶏もも肉→鶏むね肉、鶏ささ身

◆ほうれん草の和風ツナコーンサラダ
ほうれん草→小松菜、チンゲン菜、豆苗

◆チンゲン菜とコーンの塩炒め
チンゲン菜→小松菜、ほうれん草

◆たっぷり野菜のツナマリネ
水菜→豆苗、セロリ(葉も)

◆デリ風さつまいもとチーズのサラダ
さつまいも→かぼちゃ

◆濃厚ごぼうサラダ
ごぼう→れんこん

◆野菜たっぷりスープ
ごぼう→れんこん
キャベツ→白菜、小松菜
冷凍いんげん→アスパラガス
にんじん→赤パプリカ

食材	分量	価格
キャベツ	1/4個	32円
ほうれん草	1袋	78円
チンゲン菜	1袋	78円
水菜	1束	26円
きゅうり	1本	37円
レモン	1/2個	58円
ニンニク	3片	30円
冷凍いんげん	10本	40円
ごぼう	1と1/2本	132円
にんじん	3と1/2本	98円
玉ねぎ	4と1/2個	126円
じゃがいも	3個	84円
さつまいも	1本	78円
しめじ	1パック	78円
しいたけ	8個	200円
鶏むね肉	2枚	348円
鶏もも肉	4枚	936円
牛豚合いびき肉	250g	270円
厚切りベーコン	200g	240円
ツナ缶(油漬け)	3缶(1缶70g)	210円
コーン缶	1缶(120g)	78円
厚揚げ	2枚(10×10cm)	78円
卵	1個	20円
クリームチーズ	50g	85円
ミックスナッツ	40g	145円

4人分合計
3,585円 →

1人分あたり
なんと
896円

常備食材・調味料リスト

- ●お麩
- ●牛乳
- ●カットトマト缶
- ●プレーン
  ヨーグルト
- ●しょうゆ

- ●砂糖
- ●酒
- ●酢
- ●みりん
- ●塩
- ●こしょう

- ●サラダ油
- ●オリーブ油
- ●ごま油
- ●和風だしの素
  (顆粒)
- ●みそ
- ●マヨネーズ

- ●コンソメ(固形)
- ●粗びき
  黒こしょう
- ●ニンニク
  (チューブ)
- ●ショウガ
  (チューブ)

- ●片栗粉
- ●鶏がらスープ
  の素(顆粒)
- ●すりごま(白)
- ●トマト
  ケチャップ
- ●中濃ソース

- ●バター
- ●焼肉のたれ
- ●粒マスタード
- ●レモン汁
- ●うまみ調味料
- ●カレールー

※お好みで、炒りごま(白)、パセリ、コーヒーフレッシュ、タイムを買い足してください。

1週間献立カレンダー

Saturday・Sunday 土・日	Monday 月	Tuesday 火
買い出し & 仕込み	主菜 厚揚げハンバーグ きのこソース	主菜 サイコロジャーマンポテト
	副菜 ほうれん草の和風 ツナコーンサラダ	副菜 チンゲン菜と コーンの塩炒め
	汁物 野菜たっぷりスープ （半量）	副菜 キャロットラペ

ハンバーグやカレー、チキンといった世代を問わず人気のメニューが勢揃い。
café風のおしゃれな副菜はお弁当にもピッタリ♪

Wednesday 水	Thursday 木	Friday 金
主食 café風バターチキンカレー	主菜 むね肉でザクザクチキン	主菜 みそ照り焼きチキン
副菜 たっぷり野菜のツナマリネ （半量）	副菜 デリ風さつまいもとチーズ のサラダ	副菜 濃厚ごぼうサラダ
	汁物 野菜たっぷりスープ （半量）	副菜 たっぷり野菜のツナマリネ （半量）

ふわふわ柔らかい♪

厚揚げハンバーグ
きのこソース

{ 材料 } 4人分

牛豚合いびき肉	……………………	250g
厚揚げ	……………………	2枚 (10×10cm)
玉ねぎ	……………………	1/2個
しいたけ	……………………	4個
しめじ	……………………	1パック

	卵	……………………	1個
	お麩	……………………	20g
A	牛乳	……………………	大さじ4
	ニンニク（チューブ）	……	7cm
	塩・こしょう	……	各小さじ1/2
	砂糖	……………………	小さじ1
	トマトケチャップ・中濃ソース	……	各大さじ4
B	バター	……………………	10g
	水	……………………	50mℓ
サラダ油	……………………	適量

{ 作り方 }

1 玉ねぎはみじん切りにする。しいたけは軸を切り落として薄切りにし、しめじは石突きを切り落として小房に分ける。お麩はたたいて細かくする。

2 フライパンにサラダ油を中火で熱し、玉ねぎを入れて火が通るまで炒め、粗熱を取る。

3 2にひき肉、厚揚げ、Aを入れてこね、4等分してハンバーグの形に成形する。　ⓐ

4 フライパンにサラダ油を端から足して中火にかけ、3のハンバーグをこんがり焼き色がつくまで焼いたら裏返し、フタをして弱火で6分ほど火が通るまで蒸し焼きにして**保存容器（特大）に入れて保存する。**

5 同じフライパンに、しいたけとしめじを入れて火が通るまで炒め、Bを加えて2分ほど炒め合わせ、**ハンバーグとは別の保存容器（中）に入れて保存する。**食べるときに、皿に盛りつけたハンバーグにかける。

DATA

👛 1人分 **140円**

調理時間 30分

保存期間 冷蔵3日、冷凍14日

保存容器の種類 保存容器
（特大＋中）

温め時間
［ハンバーグ］冷蔵600W5分
　　　　　　　冷凍7分30秒
［ソース］冷蔵600W1分30秒
　　　　　冷凍3分

お弁当 可

MEMO

厚揚げは豆腐のように水切りする必要がないので余計な手間をカットでき、カサ増しにもなるので満足感がアップ。お麩はパン粉の代わりに使用しています。

DATA

💰 1人分 **114**円

調理時間	20分
保存期間	冷蔵3日、冷凍14日
保存容器の種類	保存容器（特大）
温め時間	冷蔵600W5分、冷凍7分
お弁当	可

MEMO

粒マスタードが苦手な方は、炒める際には加えず盛りつけたときに皿に添えてもOK。辛党の方は、七味唐辛子をふりかけてもおいしくいただけます。

粒マスタードがアクセント！

サイコロジャーマンポテト

{ 材料 } 4人分

厚切りベーコン	200g
じゃがいも	3個
しいたけ	4個
ニンニク	3片
A 粒マスタード	大さじ1
塩・粗びき黒こしょう	各小さじ1/2
パセリ	大さじ1
バター	5g
オリーブ油	大さじ2

{ 作り方 }

1 じゃがいもは皮つきのまま1cmの角切り、厚切りベーコンは1cmの角切りにする。しいたけは4つ切り、ニンニクは薄切りにする。

2 耐熱性の保存容器にじゃがいもを入れ、電子レンジで7分加熱する。

3 フライパンに、オリーブ油を中火で熱し、ニンニクを入れてこんがり焼き色がつくまで焼き、いったん取り出す。

4 3にじゃがいも、ベーコン、しいたけを入れてこんがり焼き色がつくまで焼き、Aとニンニクを加えて炒め合わせ、**保存容器に入れて保存する。**

自宅で贅沢気分が味わえる♪

café風バターチキンカレー

{ 材料 } 4人分

鶏もも肉 ………………………………………… 2枚
玉ねぎ ……………………………………………… 2個
A
| カットトマト缶 ………………… 1缶（400g）
| プレーンヨーグルト …………………… 100g
| 砂糖・しょうゆ ………………… 各大さじ1
| コンソメ（固形） ……………………… 2個
| ショウガ・ニンニク（チューブ）… 各7cm
| お好みのカレールー ……… 6切れ（100g）
B
| 牛乳 …………………………………………… 50mℓ
| バター ………………………………………… 40g
パセリ・コーヒーフレッシュ ………… 各適宜

{ 作り方 }

1 鶏肉はひと口大に切り、玉ねぎはみじん切りにする。

2 炊飯器に、鶏肉、玉ねぎ、Aを入れて、混ぜ合わせ、通常モードで炊く。 ⓐ

3 2にBを加えて30分ほど保温して混ぜ合わせ、**炊飯器または鍋に入れて保存する**。食べるときにごはん（分量外）とともに器に盛り、お好みでパセリを散らし、コーヒーフレッシュをかける。

DATA

👛 **1人分 131円**

| 調理時間 | 10分（炊飯時間は除く） |

| 保存期間 | 冷蔵4日、冷凍14日 |

| 保存容器の種類 | 冷蔵の場合は炊飯器 or 鍋、冷凍の場合は1食分ずつ冷凍用保存袋に入れて平らにならす |

| 温め時間 | 冷蔵の場合は炊飯器の再加熱 or コンロで温める、冷凍の場合は600W1皿5分 |

| お弁当 | 可（スープジャー） |

23

DATA

👛 **1人分 87円**

調理時間	5分（漬け込み前）＋15分（漬け込み後）
保存期間	冷蔵4日、冷凍14日
保存容器の種類	冷凍用保存袋（小）
お弁当	可

ザクザクジューシー！

むね肉でザクザクチキン

{ 材料 } 4人分

鶏むね肉 ························· 2枚

A ┌ 鶏がらスープの素（顆粒）・
　│ ごま油 ·········· 各大さじ2
　└ ニンニク（チューブ）···· 7cm

片栗粉・粗びき黒こしょう・
　サラダ油 ·················· 各適量

MEMO

冷凍保存する場合は、自然解凍してから**3**の工程を行います。

{ 作り方 }

1 鶏肉は、皮つきのまま大きめのそぎ切りにし、包丁の背でたたいて伸ばす。

2 保存袋に**A**を入れて混ぜ合わせ、鶏肉を加えてもみ込み、**袋ごと保存する。**

3 食べるときに片栗粉と粗びき黒こしょうを合わせ、鶏肉にしっかりまぶす。

4 フライパンに深さ1cmほどのサラダ油を入れて中火で熱し、**3**を焼き色がつくまで触らずに揚げ焼きにする。裏返し、同様に火が通るまで揚げ焼きにする。

DATA

👛 1人分 **117**円

調理時間	5分（漬け込み前）+ 10分（漬け込み後）
保存期間	冷蔵5日、冷凍14日
保存容器の種類	冷凍用保存袋（小）
お弁当	可

甘みそダレでごはんが進む！

みそ照り焼きチキン

{ 材料 } 4人分

鶏もも肉 2枚
砂糖・しょうゆ・みりん
・酒・みそ
.... 各大さじ2

{ 作り方 }

1 保存袋に調味料をすべて入れて混ぜ合わせ、鶏肉を加えてもみ込み、**袋ごと保存する。** ⓐ

2 フライパンに鶏肉を汁ごと入れて中火にかけ、こんがり焼き色がついたら裏返し、フタをして弱火で火が通るまで7分蒸し焼きにする。

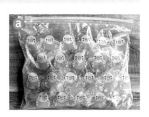

キャロットラペ

{ 材料 } 4人分

にんじん	1と1/2本
A 酢	大さじ1
砂糖	小さじ1
塩・粗びき黒こしょう	各小さじ1/2
オリーブ油	大さじ1
タイム	適宜

{ 作り方 }

1 にんじんは5cm長さのせん切りにする。耐熱性の保存容器ににんじんを入れてオリーブ油をまわしかけ、ラップをかけて電子レンジで2分加熱し、水気を絞る。

2 1にAを加えて混ぜ合わせ、**耐熱容器ごと保存する**。食べるときにお好みでタイムをのせる。

DATA

1人分11円

調理時間	5分
保存期間	冷蔵7日、冷凍NG
保存容器の種類	保存容器（小）
温め時間	温め不要
お弁当	可

1week

あおにーな家で大人気の献立

子どもが大好きな味♪ お弁当にも！

ほうれん草の和風ツナコーンサラダ

{ 材料 } 4人分

ほうれん草 1袋
ツナ缶（油漬け）......... 1缶（70g）
コーン缶 .... 1/2缶（60g）
A 砂糖・しょうゆ・和風だし
　（顆粒）............. 各小さじ1
粗びき黒こしょう 小さじ1/2

{ 作り方 }

1 ほうれん草はゆでて水気をしっかり絞り、3～4cmのざく切りにする。

2 ポリ袋にほうれん草、ツナ（油ごと）とコーン、Aを入れて混ぜ合わせ、**ポリ袋ごと保存する**。食べるときにお好みで粗びき黒こしょうをふる。

MEMO

冷凍保存する場合は、冷凍OKのポリ袋を使い、平らにして保存するか、密封保存袋に入れて保存しましょう。

DATA

👛**1人分47円**

調理時間	10分
保存期間	冷蔵4日、冷凍14日
保存容器の種類	ポリ袋
温め時間	冷蔵の場合温め不要、冷凍の場合は前日に自然解凍
お弁当	可

電子レンジでパパッとできる我が家の定番

チンゲン菜とコーンの塩炒め

{ 材料 } 4人分

チンゲン菜 ………………………… 1袋
コーン缶 ……………… 1/2缶（60g）
A｜鶏がらスープの素（顆粒）・
　｜ごま油 …………… 各小さじ1
　｜塩・こしょう ……各小さじ1/4
粗びき黒こしょう …………… 適宜

{ 作り方 }

1 チンゲン菜は3〜4cmのざく切りにし、白い部分と葉の部分に分ける。

2 耐熱性の保存容器にチンゲン菜の白い部分を入れてふんわりラップをかけ、電子レンジで1分30秒加熱する。

3 2に葉の部分を加えてラップをかけ、電子レンジで30秒加熱する。ペーパータオルで水分を拭き取り、コーン、Aを加えて混ぜ合わせ、**保存容器に入れて保存する**。食べるときにお好みで粗びき黒こしょうをふる。

DATA

👛 **1人分29円**

調理時間 5分
保存期間 冷蔵4日、冷凍14日
保存容器の種類 保存容器（小）
温め時間 冷蔵600W2分30秒、冷凍の場合は前日に自然解凍して温める
お弁当 可

1week あおにーな家で大人気の献立

DATA

👛 **1人分58円**

調理時間	10分（塩もみの時間は除く）
保存期間	冷蔵5日、冷凍NG
保存容器の種類	ポリ袋
温め時間	温め不要
お弁当	可

デパ地下超えのおいしさ！

たっぷり野菜のツナマリネ

{ 材料 } 4人分

きゅうり	1本
にんじん	1/2本
玉ねぎ	1個
水菜	1束
ツナ缶（油漬け）	1缶（70g）
レモン	1/2個

A
砂糖・酢・オリーブ油・レモン汁 …… 各大さじ2
粒マスタード …… 大さじ1
うまみ調味料・塩 …… 各少々

{ 作り方 }

1 きゅうりとにんじんは5cm長さのせん切り、玉ねぎは薄切り、レモンはいちょう切りにする。水菜は3〜4cmの長さに切り、たっぷりの水に浸してしっかり水気を絞る。

2 ポリ袋にきゅうり、にんじん、玉ねぎ、塩小さじ1（分量外）を入れてもみ込み、10分おいて水気を絞る。

3 別のポリ袋にツナ（油ごと）と**A**を入れてさっと混ぜ、**2**と水菜を加えてさらに混ぜ合わせる。仕上げにレモンを加えてざっくり混ぜ合わせ、**ポリ袋ごと保存する**。

ナッツの食感がアクセント

デリ風さつまいもとチーズのサラダ

{ 材料 } 4人分

さつまいも ································ 1本
クリームチーズ ··················· 50g
ミックスナッツ ····················· 40g
A ┌ マヨネーズ ············· 大さじ2
  │ 粒マスタード ·········· 大さじ1
  └ 塩 ···································· 少々
パセリ ································ 適宜

{ 作り方 }

1 さつまいもは皮つきのまま1cm幅の輪切りにし、クリームチーズは細かく手でちぎり、ミックスナッツはくだく。

2 さつまいもを耐熱性の保存容器に入れ、電子レンジで10分加熱する。

3 2にミックスナッツ、クリームチーズ、Aを加えて混ぜ合わせ、**保存容器ごと保存する**。食べるときにお好みでパセリを散らす。

DATA

👛**1人分77円**

調理時間	20分
保存期間	冷蔵4日、冷凍14日
保存容器の種類	保存容器（大）
温め時間	冷蔵の場合温め不要、冷凍の場合は前日に自然解凍
お弁当	可

DATA

👛 1人分 **43**円

調理時間 10分（浸水時間は除く）

保存期間 冷蔵 7 日、冷凍14日

保存容器の種類 保存容器（大）

温め時間 冷蔵の場合温め不要、
冷凍の場合は前日に自然解凍

お弁当 可

コクのある奥深い味わい

濃厚ごぼうサラダ

{ 材料 } 4人分

ごぼう ……………………………… 1本
にんじん …………………………… 1/2本
ツナ缶（油漬け） ………… 1缶（70g）
A｜ マヨネーズ・焼肉のたれ・すり
　　 ごま（白）… 各大さじ1と1/2
炒りごま（白） ………………… 適宜

{ 作り方 }

1 ごぼうとにんじんは5㎝長さのせん切りにし、ごぼうは
酢水（分量外）に5分浸して水気を切る。

2 耐熱性の保存容器に、ごぼうとにんじんを入れてふん
わりラップをかけ、電子レンジで6分加熱する。

3 ペーパータオルで水分を拭き取り、ツナ（油ごと）とAを
加えて混ぜ合わせ、**保存容器ごと保存する**。食べるとき
にお好みで炒りごまを散らす。

31

DATA

👛 1人分 **43**円

調理時間	15分（炊飯時間は除く）
保存期間	冷蔵3日、冷凍14日
保存容器の種類	炊飯器or鍋、冷凍の場合は1食分ずつ冷凍用保存袋に入れて平らにならす
温め時間	冷蔵の場合は炊飯器で再加熱orコンロで温める、冷凍の場合は600W1皿4分
お弁当	可（スープジャー）

体をいたわるやさしい味わい

野菜たっぷりスープ

{ 材料 } 4人分

キャベツ ……………… 1/4個
ごぼう ………………… 1/2本
にんじん ……………… 1本
玉ねぎ ………………… 1個
冷凍いんげん ……… 10本
コンソメ（固形）…… 3個
塩・こしょう ……… 各適量
パセリ ………………… 適宜

{ 作り方 }

1 ごぼう、玉ねぎ、にんじんは1cmの角切り、キャベツ、冷凍いんげんは1cm角に切る。

2 炊飯器に、冷凍いんげん以外の野菜、コンソメ、かぶるくらいの水（分量外）を入れて白米モードで炊く。

3 2に冷凍いんげんを加えて30分保温し、塩・こしょうで味を調える。**炊飯器または鍋に入れて保存する。**食べるときにお好みでパセリを散らす。

2
week

1週間2535円

超節約1人分
100円以下献立

1週間2535円
超節約1人分100円以下献立

menu

- 豚こまでなんちゃってレバニラ風炒め
- レンチン麻婆なす
- イタリアンハンバーグ
- あっさりトマト肉じゃが
- しっとり鶏オイマヨ焼き
- ごぼうとハムのハニーみそマヨサラダ
- トマトと大葉のだしマリネ
- 蛇腹きゅうりとツナの中華漬け
- 女性の味方サラダ
- 無限にんじんサラダ
- 無限塩だれキャベツ

使用する容器

- 特大（1200～1500mℓ）×5個
- 大（800～900mℓ）×1個
- ポリ袋（25×35cm）×5枚
- クッキングシート
  （30×30cm）×4枚

1週間の献立が、1人あたり630円以下というスーパー節約献立です！安くてもボリュームがあるので、しっかりおなかが満たされます。

1week 買い物リスト

食材	分量	価格
キャベツ	1/2個	64円
もやし	1袋	19円
ニラ	1束	78円
きゅうり	2本	74円
なす	4本	144円
トマト	3個	234円
ミニトマト	7個	77円
大葉	7枚	68円
ごぼう	1/2本	44円
にんじん	2本	56円
玉ねぎ	1個	28円
じゃがいも	3個	84円
しめじ	1/2パック	39円
豚こま切れ肉	500g	440円
鶏むね肉	1と1/2枚	261円
豚ひき肉	450g	396円
ハム	4枚	78円
カニ風味かまぼこ	1/2パック	49円
ツナ缶(油漬け)	1缶(70g)	70円
木綿豆腐	1/2丁(150g)	29円
卵	1個	20円
切り干し大根	30g	35円
乾燥ひじき	10g	68円
ピザ用スライスチーズ	4枚	80円

4人分合計 **2,535円** → 1人分あたり なんと **634円**

代用品一覧表

◆豚こまでなんちゃってレバニラ風炒め
豚こま切れ肉→豚バラ肉
もやし→玉ねぎ

◆レンチン麻婆なす
豚ひき肉→鶏ひき肉

◆イタリアンハンバーグ
豚ひき肉→合い挽き肉、鶏ひき肉

◆あっさりトマト肉じゃが
ミニトマト→トマト
じゃがいも→里いも、さつまいも

◆しっとり鶏オイマヨ焼き
鶏むね肉→鶏もも肉、鶏ささ身

◆ごぼうとハムのハニーみそマヨサラダ
ごぼう→れんこん
ハム→ウインナー、ベーコン

◆トマトの大葉のだしマリネ
トマト→ミニトマト

◆女性の味方サラダ
キャベツ→レタス、水菜、白菜
切り干し大根→塩もみした大根の皮
カニ風味かまぼこ→ハム

◆無限塩だれキャベツ
キャベツ→レタス、水菜、白菜

常備食材・調味料リスト

- カットトマト缶
- 塩昆布
- 牛乳
- しょうゆ
- 砂糖
- 酒
- 酢
- みりん
- 塩
- こしょう
- オリーブ油
- ごま油
- 和風だしの素(顆粒)
- みそ
- マヨネーズ
- コンソメ(顆粒)
- 片栗粉
- 粗びき黒こしょう
- ニンニク(チューブ)
- ショウガ(チューブ)
- めんつゆ(3倍濃縮)
- 鶏がらスープの素(顆粒)
- すりごま(白)
- 炒りごま(白)
- 豆板醤
- 中濃ソース
- ポン酢しょうゆ
- かつお節
- レモン汁
- はちみつ
- オイスターソース
- パン粉

※お好みで、パセリ、小ねぎ、ラー油を買い足してください。

1週間献立カレンダー

Saturday・Sunday 土・日	Monday 月	Tuesday 火
買い出し＆仕込み	主菜 イタリアンハンバーグ 副菜 無限塩だれキャベツ 副菜 ごぼうとハムのハニーみそ マヨサラダ（半量）	主菜 豚こまでなんちゃって レバニラ風炒め 副菜 トマトの大葉のだしマリネ

1人分626円とは思えないボリューム満点の料理が集結！
火を使わないレシピや調味料1つだけのレシピなど、ラク技も満載！

Wednesday 水	Thursday 木	Friday 金
主菜

あっさりトマト肉じゃが | 主菜

しっとり鶏オイマヨ焼き | 主菜

レンチン麻婆なす |
| 副菜

蛇腹きゅうりとツナの
中華漬け | 副菜

女性の味方サラダ | 副菜

ごぼうとハムのハニーみそ
マヨサラダ（半量） |
| 副菜

無限にんじんサラダ
（半量） | | 副菜

無限にんじんサラダ
（半量） |

DATA

👛 **1人分 90円**

調理時間	10分
保存期間	冷蔵3日、冷凍NG
保存容器の種類	保存容器（特大）
温め時間	600W5分
お弁当	可

下処理不要でラクラク♪

豚こまでなんちゃってレバニラ風炒め

{ 材料 } 4人分

豚こま切れ肉 300g
もやし 1袋
ニラ 1束
塩・こしょう 各小さじ1/4
片栗粉 大さじ2
しょうゆ・オイスターソース
A 各大さじ1
砂糖 小さじ1
ニンニク（チューブ）...... 5cm
粗びき黒こしょう
.... 小さじ1/2
ごま油 大さじ1

{ 作り方 }

1 ニラは3cmの長さに切る。

2 耐熱性の保存容器に、もやし、豚肉の順に入れ、塩・こしょう、片栗粉を全体にふりかけ、ラップをして電子レンジで4分加熱する。

3 2にニラ、Aを加えて混ぜ合わせ、ラップをせずに電子レンジで1分30秒加熱する。仕上げにごま油をかけて混ぜ合わせ、**保存容器ごと保存する**。

MEMO

レバニラを食べたいけれど、下処理がめんどうなときにおすすめのひと品。オイスターソースを加えることでレバニラ感がアップします！

DATA

👛 **1人分80円**

調理時間	5分（下味冷凍時間を除く）
保存期間	冷蔵NG、冷凍14日
保存容器の種類	クッキングシート
お弁当	可

シートで包んで旨みを凝縮！

レンチン麻婆なす

{ 材料 } 4人分

豚ひき肉 200g
なす 4本
A ┌ みそ 大さじ2
  │ 豆板醤・鶏がらスープの
  │ 素（顆粒）・みりん・
  │ 酒・ごま油
  │ 各大さじ1
  │ ニンニク・ショウガ
  └ （チューブ）.... 各5cm
小ねぎ・ラー油 .... 各適宜

{ 作り方 }

1 なすは薄めの乱切りにする。クッキングシートは30×30cmに4枚カットする。

2 ボウルにひき肉とAを入れて混ぜ合わせる。

3 クッキングシートに、1/4量ずつなすと2をのせてそれぞれ包み、**トレーなどにのせて保存する**。

4 冷凍のまま1つずつ耐熱皿にのせ、電子レンジで5分加熱し、お好みで小口切りにした小ねぎとラー油をかける。

DATA

👛**1人分91円**

調理時間	50分
保存期間	冷蔵2日、冷凍14日
保存容器の種類	保存容器（特大2個）
温め時間	冷蔵600W各3分、冷凍各7分
お弁当	不可

ふんわりとろける♥

イタリアンハンバーグ

{ 材料 } 4人分

豚ひき肉	250g
木綿豆腐	1/2丁（150g）
玉ねぎ	1/2個
ピザ用スライスチーズ	4枚

A
卵 ………………………………… 1個
パン粉・牛乳 ……… 各大さじ6
塩・こしょう ……各小さじ1/2

カットトマト缶
…………………… 1/2缶（200g）
B
砂糖・中濃ソース・コンソメ
（顆粒）…………… 各大さじ2

パセリ ………………………………… 適宜

{ 作り方 }

1 玉ねぎはみじん切りにする。ポリ袋にひき肉、豆腐、玉ねぎ、**A**を入れてしっかりもみ込み、そのまま10分おいてたねを休ませる。

2 耐熱性の保存容器を2つ用意し、**B**を半量ずつ入れて混ぜ合わせる。

3 **1**を4等分して成形し、**2**に2個ずつ入れる。ふんわりラップをして電子レンジで6分加熱する。

4 裏返し、ラップをせずにさらに2分加熱する。もう一つの耐熱性の保存容器も同様に加熱して**保存容器ごと保存する**。食べるときに、再度温めた後、チーズをのせ余熱で溶かし、お好みでパセリを散らす。

調味料1つで作れる！

あっさりトマト肉じゃが

DATA

👛 1人分 **88**円

調理時間	15分
保存期間	冷蔵3日、冷凍NG
保存容器の種類	保存容器（特大）
温め時間	600W5分
お弁当	不可

{ 材料 } 4人分

豚こま切れ肉 …… 200g
じゃがいも ………… 3個
玉ねぎ …………… 1/2個
ミニトマト ………… 7個
めんつゆ（3倍濃縮）
　……………………… 100㎖
小ねぎ ……………… 適宜

{ 作り方 }

1 じゃがいもは薄めの乱切りにし、水に5分浸して水気を切る。玉ねぎはくし形切りにし、ミニトマトは半分に切る。

2 耐熱性の保存容器にじゃがいもを入れてラップをし、電子レンジで4分加熱する。

3 2に玉ねぎ、豚肉、ミニトマトを広げて入れ、めんつゆを全体にかけてラップをし、さらに3分加熱する。

4 一度混ぜ合わせてラップをせずに、さらに2分加熱する。ラップをかけてそのまま30分おき、**保存容器ごと保存する**。食べるときに小口切りにした小ねぎを散らす。

MEMO

調味料はめんつゆのみですが、トマトの酸味と合わさり、おいしく仕上がります。3倍濃縮のめんつゆをそのまま使うことで、よりコク旨に仕上がります。2倍濃縮のものを使う場合は、150㎖加えてください。

火を使わずできる！

しっとり鶏オイマヨ焼き

MEMO

鶏肉の中まで火が通っていない場合は、2分ずつ追加で焼きましょう。

{ 材料 } 4人分

鶏むね肉 ………… 1と1/2枚

A
塩・こしょう
………… 各小さじ1/4
酒 ………………… 大さじ1

B
マヨネーズ ….. 大さじ3
みそ・オイスターソース
………………… 各大さじ1
砂糖 ……………… 小さじ1

パセリ・粗びき黒こしょう
………………………… 各適宜

{ 作り方 }

1 鶏肉は薄いそぎ切りにし、包丁の背でたたく。

2 耐熱性の保存容器に1を入れ、全体にAをふりかけ、重ならないように広げる。

3 Bを合わせ、むね肉全体にかけて1000Wのトースターで15分焼き、**保存容器ごと保存する**。食べるときにお好みでパセリ、粗びき黒こしょうをかける。

DATA

🛍1人分**65円**

調理時間	20分
保存期間	冷蔵3日、冷凍14日
保存容器の種類	保存容器（特大）
温め時間	冷蔵600W4分、冷凍7分30秒
お弁当	可

コクのある深い味わい

ごぼうとハムのハニーみそマヨサラダ

【 材料 】4人分

ごぼう ································· 1/2本
ハム ····································· 4枚
しめじ ······················· 1/2パック

A
みそ・マヨネーズ
·························· 各大さじ2
はちみつ ··················· 大さじ1
ニンニク（チューブ）······ 5cm

小ねぎ・炒りごま（白）···· 各適宜

【 作り方 】

1 ごぼうは5cm長さのせん切り、ハムはせん切りに、しめじは石突きを切り落として小房に分ける。

2 耐熱性の保存容器にごぼう、しめじの順に入れ、ラップをかけて電子レンジで5分加熱する。

3 ペーパータオルで水分を拭き取り、ハム、Aを入れて混ぜ合わせ、**保存容器ごと保存する。**食べるときにお好みで小口切りにした小ねぎと炒りごまを散らす。

DATA

1人分**40**円

調理時間	10分
保存期間	冷蔵5日、冷凍14日
保存容器の種類	保存容器（大）
温め時間	冷蔵の場合は温め不要、冷凍の場合は前日に自然解凍
お弁当	可

43

トマトと大葉のだしマリネ

{ 材料 } 4人分

トマト ·· 3個
大葉 ··· 7枚
A 和風だしの素（顆粒）・オリーブ油
　・レモン汁・砂糖 ····· 各大さじ1

DATA

👛 1人分 **76**円

調理時間	5分
保存期間	冷蔵5日、冷凍NG
保存容器の種類	ポリ袋
温め時間	温め不要
お弁当	不可

{ 作り方 }

1 トマトはひと口サイズ
の乱切り、大葉はせん
切りにする。

2 ポリ袋に、トマト、大葉、
Aを入れて、トマトがく
ずれないようにやさし
く混ぜ合わせ、**ポリ袋
ごと保存する。**

MEMO

冷蔵庫に入れてお
くとオリーブ油が固
まることがあります
が、常温におくと元
に戻りますので心配
ありません。

蛇腹切りのひと手間で
おいしさアップ！

蛇腹きゅうりと
ツナの中華漬け

{ 材料 } 4人分

きゅうり ················· 2本
ツナ缶（油漬け）········ 1缶（70g）
塩昆布 ················· 大さじ2
鶏がらスープの素（顆粒）・
A　　砂糖・ごま油 ········ 各小さじ1
すりごま（白）··········· 大さじ1

{ 作り方 }

1 きゅうりは上下に箸をおき、できる限り細かい切り込みを入れてひと口サイズに切る。

2 ポリ袋に、きゅうり、ツナ（油ごと）、Aを入れて混ぜ合わせ、よくもみ込み、**ポリ袋ごと保存する**。

DATA

💰**1人分36円**

調理時間	5分
保存期間	冷蔵7日、冷凍NG
保存容器の種類	ポリ袋
温め時間	温め不要
お弁当	可

MEMO

蛇腹切りは少し手間がかかりますが、味が染み込んできゅうりの食感も楽しめるのでぜひ一度お試しください♪
3時間ほど漬け込むとおいしく召し上がれます。

DATA

💰**1人分46円**

調理時間	5分（浸水時間は除く）
保存期間	冷蔵4日、冷凍14日
保存容器の種類	ポリ袋
温め時間	冷蔵の場合は温め不要、冷凍の場合は前日に自然解凍
お弁当	可

不足しがちな鉄分をチャージ！

女性の味方サラダ

{ 材料 } 4人分

キャベツ ········ 1/4個
切り干し大根 ···· 30g
乾燥ひじき ········ 10g
カニ風味かまぼこ
 ············· 1/2パック

ポン酢しょうゆ
 ·········· 大さじ2
オイスターソース・
 炒りごま（白）
 ······ 各大さじ1
豆板醤
 ······ 小さじ1/2

{ 作り方 }

1 キャベツはせん切り、切り干し大根と乾燥ひじきは表示時間通りに水で戻し、よく絞る。カニ風味かまぼこはほぐす。

2 ポリ袋に、すべての材料を入れ、よくふって混ぜ合わせ、**ポリ袋ごと保存する**。

MEMO

切り干し大根とひじきで鉄分を補給し、キャベツで鉄分の吸収をサポート！鉄分が不足しがちな女性に食べてほしいメニューです。調理後30分ほどおくとおいしく召し上がれます。

オイスターソースのコクが決め手！

無限にんじんサラダ

{ 材料 } 4人分

にんじん ·································· 2本

A
マヨネーズ ····················· 大さじ2
オイスタソース・酢・炒りごま
（白） ···························· 各大さじ1
かつお節 ········ 小袋1袋（2〜3g）

{ 作り方 }

1 にんじんは5㎝長さのせん切り
にする。ポリ袋に、にんじんとA
を入れてもみ込み、**ポリ袋ごと
保存する。**

MEMO

お弁当の彩り担当としても大活躍
してくれます。調理後1時間ほど
おくとおいしく召し上がれます。

DATA

🛍1人分**14**円

調理時間	5分
保存期間	冷蔵7日、冷凍14日
保存容器の種類	ポリ袋
温め時間	冷蔵の場合は温め不要、冷凍の場合は前日に自然解凍
お弁当	可

おつまみにもピッタリ♪

無限塩だれキャベツ

{ 材料 } 4人分

キャベツ ······························· 1/4個

A
ごま油 ···························· 大さじ1
鶏がらスープの素（顆粒）・
しょうゆ・レモン汁
···························· 各小さじ1
塩・粗びき黒こしょう
························· 各小さじ1/2
ニンニク（チューブ） ········· 5㎝
炒りごま（白） ············· 大さじ1

{ 作り方 }

1 キャベツは食べやすい大きさ
に手でちぎる。ポリ袋にキャベ
ツ、Aを入れてもみ込み、**ポリ
袋ごと保存する。**

DATA

🛍1人分**8**円

調理時間	5分
保存期間	冷蔵4日、冷凍NG
保存容器の種類	ポリ袋
温め時間	温め不要
お弁当	可

MEMO

調理後30分ほどお
くとおいしく召し上
がれます。

3
week

1週間2936円

手間なし技で
楽ちん献立

1週間2936円
手間なし技で楽ちん献立

48

menu

- 豚こまの万能ニラみそだれ
- 豚こまときのこのこってりショウガ焼き
- 豚こまのハニーマスタード包み蒸し
- むね肉 de ヤンニョムチキン
- むね肉とミニトマトの香味だれ丼
- 鉄分鬼たっぷりサラダ
- ツナときゅうりの中華風春雨サラダ
- 豆苗ともやしの塩こうじサラダ
- ごぼうの磯辺風サラダ
- ポリ袋で作る楽ちんコールスロー

使用する容器

- 特大（1200 〜 1500㎖）×５個
- 大（800 〜 900㎖）×１個
- 小（500㎖）×１個
- ポリ袋（25×35cm）×３枚
- クッキングシート
  （30×30cm）×４枚

豚こま切れ肉と鶏むね肉をフル活用した１週間献立。洗い物を少なくしたレシピなど、ラク技を盛り込みました！

代用品一覧表

◆豚こまの万能ニラみそだれ
豚こま切れ肉→豚バラ肉

◆豚こまときのこのこってりショウガ焼き
豚こま肉→豚バラ肉
エリンギ、しいたけ→しめじ、えのきたけ、
ひらたけ

◆豚こまのハニーマスタード包み蒸し
豚こま切れ肉→豚バラ肉
キャベツ→白菜
しめじ→しいたけ、エリンギ、えのきたけ

◆むね肉 de ヤンニョムチキン
鶏むね肉→鶏もも肉、鶏ささ身

◆むね肉とミニトマトの香味だれ丼
鶏むね肉→鶏もも肉、鶏ささ身
ミニトマト→トマト

◆鉄分鬼たっぷりサラダ
小松菜→ほうれん草

◆ツナときゅうりの中華風春雨サラダ
きゅうり→水菜、豆苗

◆豆苗ともやしの塩こうじサラダ
豆苗→小松菜、ほうれん草、水菜

◆ごぼうの磯辺風サラダ
ごぼう→れんこん

◆ポリ袋で作る楽ちんコールスロー
キャベツ→白菜

食材	分量	価格
キャベツ	1/2個	64円
もやし	1袋	19円
小松菜	1袋	78円
豆苗	1袋	78円
長ねぎ	1本	53円
ニラ	1束	78円
きゅうり	1本	37円
ミニトマト	15個	165円
ごぼう	1本	88円
にんじん	2と1/2本	70円
しめじ	1パック	78円
しいたけ	4個	100円
エリンギ	2パック	156円
豚こま切れ肉	1kg	880円
鶏むね肉	4枚	696円
ツナ缶(油漬け)	1缶(70g)	70円
コーン缶	1缶(120g)	78円
切り干し大根	30g	35円
乾燥ひじき	10g	68円
春雨	50g	45円

4人分合計
2,936円 → 1人分あたり
なんと
734円

常備食材・調味料リスト

- 塩昆布
- しょうゆ
- 砂糖
- 酒
- 酢
- みりん
- 塩
- こしょう
- サラダ油
- ごま油
- 和風だしの
  素(顆粒)
- みそ
- マヨネーズ
- コンソメ(顆粒)
- ニンニク
  (チューブ)
- ショウガ
  (チューブ)
- 片栗粉
- めんつゆ
  (3倍濃縮)
- 鶏がらスープ
  の素(顆粒)
- すりごま(白)
- 炒りごま(白)
- 豆板醤
- コチュジャン
- トマト
  ケチャップ
- ポン酢しょうゆ
- ごまドレッシング
- 塩こうじ
- 粒マスタード
- はちみつ
- 青のり
- かつお節

※お好みで、小ねぎ、赤唐辛子、粗びき黒こしょうを買い足してください。

1週間献立カレンダー

Saturday・Sunday 土・日	Monday 月	Tuesday 火
買い出し ＆ 仕込み	主菜 豚こまの万能ニラみそだれ 副菜 ツナときゅうりの 中華風春雨サラダ 副菜 ごぼうの磯辺風サラダ （半量）	主菜 むね肉とミニトマトの 香味だれ丼 副菜 ポリ袋で作る楽ちん コールスロー（半量）

メインのお肉が豚こま切れ肉と鶏むね肉だけとは思えない、バリエーション豊富なラインナップ。
さっぱり系からこってり系まであるので、飽きずに楽しむことができます。

Wednesday 水	Thursday 木	Friday 金
 豚こまときのこのこってり ショウガ焼き	 むね肉 de ヤンニョム チキン	 豚こまのハニーマスタード 包み蒸し
 鉄分鬼たっぷりサラダ （半量）	 豆苗ともやしの 塩こうじサラダ	 鉄分鬼たっぷりサラダ （半量）
 ごぼうの磯辺風サラダ （半量）	 ポリ袋で作る楽ちん コールスロー（半量）	

お箸が止まらなくなる味わい！

豚こまの万能ニラみそだれ

MEMO

ニラみそだれはそのままごはんや豆腐にかけたり、納豆と合わせてもおいしく食べられます。

{ 材料 } 4人分

豚こま切れ肉 400g
ニラ 1束

A
塩 小さじ1
酒 大さじ2
水 .... 500㎖

B
みそ・しょうゆ・ごま油・すり
ごま（白）......... 各大さじ2
酢 大さじ1
ニンニク（チューブ）...... 5cm
豆板醤 小さじ1/2

赤唐辛子（輪切り）......... 各適宜

{ 作り方 }

1 ニラはみじん切りにする。

2 鍋にAを入れて火にかけ、沸騰したら豚肉を入れて混ぜ合わせ、肉に火が通ったらザルに上げ、水気を切る。

3 保存容器（小）にニラ、Bを入れて混ぜ合わせ、ニラみそだれを作り、**保存容器ごと保存する。**

4 保存容器（特大）に豚肉を入れて**3**と別々に保存し、食べるときに一緒に盛り、お好みで赤唐辛子を散らす。

DATA

👛 **1人分108円**

調理時間	10分
保存期間	冷蔵3日、冷凍14日
保存容器の種類	保存容器（特大＋小）
温め時間	冷蔵の場合は温め不要、冷凍の場合は前日に自然解凍
お弁当	可

DATA

👛 1人分**130**円

調理時間	20分
保存期間	冷蔵3日、冷凍14日
保存容器の種類	保存容器（特大）
温め時間	冷蔵600W5分、冷凍7分
お弁当	可

ショウガと和風だしが絶妙にマッチ

豚こまときのこのこってりショウガ焼き

{ 材料 } 4人分

豚こま切れ肉 300g
エリンギ 2パック
しいたけ 4個
A しょうゆ・みりん … 各大さじ2
砂糖・和風だしの素（顆粒）
.... 各大さじ1
水 .... 100㎖
ショウガ（チューブ）...... 7㎝
ごま油 大さじ1
小ねぎ .... 適宜

{ 作り方 }

1 エリンギは4等分に切り、しいたけは半分に切る。

2 フライパンにごま油を中火で熱し、豚肉を入れて半分ほど炒まったら、エリンギとしいたけを加えて炒め合わせる。

3 Aを加えて7分ほど炒め煮にし、**保存容器に入れて保存する。**食べるときにお好みで小口切りにした小ねぎを散らす。

洗い物が少なく冷凍のままレンチンできるので、めんどくさがりの方にもおすすめです。

DATA

👛 1人分 **103円**

調理時間	5分（下味冷凍時間を除く）
保存期間	冷蔵NG、冷凍14日
保存容器の種類	クッキングシート
お弁当	不可

レンチンでラクラク♪

豚こまの
ハニーマスタード包み蒸し

【 材料 】4人分

豚こま切れ肉	300g
キャベツ	1/4個
しめじ	1パック
コーン缶	1/2缶（60g）

A
粒マスタード	大さじ2
はちみつ・酒	各大さじ3
めんつゆ（3倍濃縮）・酢	各大さじ1

小ねぎ ……………………… 適宜

【 作り方 】

1 キャベツはせん切りにする。しめじは石突きを切り落として小房に分ける。クッキングシートを30×30㎝に4枚カットする。

2 Aを混ぜ合わせる。

3 クッキングシートに1/4量ずつ、キャベツ、豚肉、しめじ、コーンの順にのせ、2をかけて包む。**このままトレーなどにのせて保存する。**

4 冷凍のまま1つずつ耐熱皿にのせ、電子レンジで5分加熱する。食べるときにお好みで小口切りにした小ねぎを散らす。

MEMO

辛いほうが好みの方は、コチュジャンの量を増やして調節してください。

DATA

👛 **1人分87円**

調理時間	20分
保存期間	冷蔵4日、冷凍14日
保存容器の種類	保存容器（特大）
温め時間	冷蔵600W5分、冷凍7分30秒
お弁当	可

甘辛ダレでごはんが進む！

むね肉deヤンニョムチキン

{ 材料 } 4人分

鶏むね肉	2枚
塩	小さじ1/2
砂糖	小さじ1
片栗粉	大さじ6
A { コチュジャン	小さじ1
トマトケチャップ	大さじ3
しょうゆ・みりん・砂糖	各大さじ1
ニンニク（チューブ）	7cm
炒りごま（白）	大さじ2
サラダ油	大さじ2

{ 作り方 }

1 鶏肉はそぎ切りにし、包丁の背でたたく。

2 フライパンに鶏肉を入れて、塩、砂糖をもみ込み、片栗粉をまぶす。ⓐ

3 端からサラダ油を入れて中火で熱し、まわりが白く焼けてきたら裏返してフタをして、弱火にして7分蒸し焼きにする。

4 いったん火を止めて鶏肉を端によせて調味料スペースを作り、Aを入れて混ぜ合わせ、再び中火にかけて調味料をからめながら3分ほど焼く。**保存容器に入れて保存する。**

トマトとポン酢しょうゆでさっぱり！

むね肉とミニトマトの香味だれ丼

{ 材料 } 4人分

鶏むね肉	2枚
ミニトマト	15個
長ねぎ	1本
塩・こしょう	各小さじ1/2
片栗粉	大さじ6
A ┌ ポン酢しょうゆ	大さじ3
└ しょうゆ・砂糖	各大さじ1
ごま油	大さじ2
小ねぎ	適宜

{ 作り方 }

1 長ねぎはみじん切りにする。フライパンに鶏肉を入れて塩・こしょうをふり、片栗粉を入れてまぶす。

2 端からごま油を入れて中火で熱し、まわりが白く火が通ってきたら裏返してフタをし、弱火で5分蒸し焼きにする。

3 ミニトマト、長ねぎ、Aを入れて混ぜ合わせ、中火にして3分ほど炒め合わせ、**保存容器に入れて保存する。**

4 食べるときに丼にごはん（分量外）を盛り、温めた**3**をのせ、お好みで小口切りにした小ねぎを散らす。

DATA

👛 **1人分142円**

調理時間	20分
保存期間	冷蔵3日、冷凍14日
保存容器の種類	保存容器（特大）
温め時間	冷蔵600W5分、冷凍7分30秒
お弁当	可

疲れやすい人におすすめ！

鉄分鬼たっぷりサラダ

【 材料 】4人分

小松菜 1袋
乾燥ひじき 10g
切り干し大根 30g

A
| かつお節 ...... 小2袋（5〜6g）
| 塩昆布 大さじ2
| ごま油 大さじ1
| 鶏がらスープの素（顆粒）
| 小さじ1
| 炒りごま（白）......... 大さじ2

【 作り方 】

1 小松菜は3〜4cmのざく切りにする。ひじき、切り干し大根は、袋の表示時間通りに水で戻し、水気を切る。

2 耐熱性の保存容器に小松菜を入れ、電子レンジで2分30秒加熱し、流水にさらして水気を絞る。

3 ポリ袋に2、ひじき、切り干し大根、Aを入れて混ぜ合わせ、**ポリ袋ごと保存する。**

DATA

👛 **1人分45円**

保存期間 冷蔵4日、冷凍14日

保存容器の種類 ポリ袋

温め時間 冷蔵の場合温め不要、
冷凍の場合は前日に自然解凍

お弁当 可

調理時間 5分（浸水時間は除く）

レンチンで簡単♪

ツナときゅうりの中華風春雨サラダ

{ 材料 } 4人分

ツナ缶（油漬け）	1缶（70g）
きゅうり	1本
にんじん	1/2本
春雨	50g

A
しょうゆ・砂糖	各大さじ2
酢	大さじ3
水	200㎖

B
鶏がらスープの素（顆粒）	大さじ1
ごま油	小さじ1
炒りごま（白）	大さじ2

{ 作り方 }

1 きゅうりとにんじんは5㎝長さのせん切りにする。

2 耐熱性の保存容器にAを入れて混ぜ合わせ、春雨を加え、ラップを春雨に触れるように沈めて電子レンジで5分加熱する。

3 熱いうちに、きゅうり、にんじん、ツナ（油ごと）、Bを入れて混ぜ合わせ、**保存容器ごと保存する。**

DATA

👛 **1人分42円**

調理時間	10分
保存期間	冷蔵4日、冷凍NG
保存容器の種類	保存容器（特大）
温め時間	温め不要
お弁当	可

3week 手間なし技で楽ちん献立

58

DATA

👛 1人分 **28**円

調理時間	5分
保存期間	冷蔵4日、冷凍NG
保存容器の種類	ポリ袋
温め時間	温め不要
お弁当	可

野菜が欲しいときのお手軽サラダ

豆苗ともやしの塩こうじサラダ

{ 材料 } 4人分

豆苗 ………………………… 1袋
もやし …………………………… 1袋
にんじん …………………… 1/2本
　塩こうじ・ごま油
　……………………… 各大さじ1
A　鶏がらスープの素（顆粒）
　………………………… 小さじ1
　炒りごま（白）… 大さじ1

{ 作り方 }

1　豆苗は3〜4cmのざく切りにする。にんじんは5cm長さのせん切りにする。

2　耐熱容器にもやしを入れ、電子レンジで2分加熱する。

3　ポリ袋に、豆苗、にんじん、もやし、Aを入れて混ぜ合わせ、**ポリ袋ごと保存する。**

MEMO

もやしのレンチンした熱で豆苗やにんじんがしんなりとし、調味料とよりなじみやすくなります。

青のりの風味がアクセント！

ごぼうの磯辺風サラダ

{ 材料 } 4人分

ごぼう	1本
にんじん	1本
A　ごまドレッシング	大さじ2
マヨネーズ・青のり	各大さじ1
炒りごま（白）	適宜

{ 作り方 }

1 ごぼうとにんじんは5cm長さのせん切りにし、ごぼうは5分酢水（分量外）に浸して水気を切る。

2 耐熱性の保存容器にごぼう、にんじんを入れてふんわりラップをし、電子レンジで6分加熱する。

3 2にAを加えて混ぜ合わせ、**保存容器ごと保存する。**食べるときにお好みで炒りごまを散らす。

DATA

💰 **1人分 29円**

調理時間	10分（浸水時間は除く）
保存期間	冷蔵4日、冷凍14日
保存容器の種類	保存容器（大）
温め時間	冷蔵の場合は温め不要、冷凍の場合は前日に自然解凍
お弁当	可

塩もみ不要！

ポリ袋で作る楽ちんコールスロー

DATA

💰 **1人分 21円**

調理時間	5分
保存期間	冷蔵7日、冷凍NG
保存容器の種類	ポリ袋
温め時間	温め不要
お弁当	可

{ 材料 } 4人分

キャベツ	1/4個
にんじん	1/2本
コーン缶	1/2缶（60g）
A　コンソメ（顆粒）	小さじ1
砂糖・酢	各大さじ1
マヨネーズ	大さじ3
塩・こしょう	各少々
粗びき黒こしょう	各適宜

{ 作り方 }

1 キャベツとにんじんは5cm長さのせん切りにする。

2 ポリ袋ににんじん、コーン、Aを入れて混ぜ合わせる。

3 キャベツを半量ずつ入れてそのつど混ぜ合わせ、**ポリ袋ごと保存する。**食べるときにお好みで粗びき黒こしょうをふる。

4
week

1週間2570円

お肉100gで
4人分献立

1週間2570円
お肉100gで4人分献立

menu

- チキンのトマト煮
- 牛肉とごぼうのすき焼き風
- レンチン麻婆豆腐
- ひき肉とじゃがいものメンチコロッケ
- 中華丼
- ニラとサバ缶のごはんのお供
- かぼちゃの粒マスタードサラダ
- いろんな野菜のシンプル漬け
- 水菜のおかかごま和え
- アスパラのポン酢浸し
- レタスの即席塩昆布漬け

使用する容器
- 特大（1200 ～ 1500㎖）×５個
- 大（800 ～ 900㎖）×２個
- 中（600 ～ 700㎖）×１個
- ポリ袋（25×35cm）×４枚

お肉の量を100gにすることで食費を抑えられ、普段は手を出せない牛肉にも手が出ます。お肉が少ない分、カサ増し食材を使って物足りなさを感じない献立に仕上げました。

1week 買い物リスト

食材	分量	価格
キャベツ	1/6個	22円
レタス	1個	98円
白菜	1/6個	52円
ブロッコリー	1房	128円
大根	1/4本	32円
小松菜	1/2袋	39円
水菜	1袋(3束)	78円
長ねぎ	3本	159円
ニラ	1束	78円
グリーンアスパラガス	2束	196円
きゅうり	1本	37円
ごぼう	1本	88円
かぼちゃ	¼個	158円
たけのこ水煮	1/2袋	89円
にんじん	2本	56円
玉ねぎ	1個	28円
じゃがいも	3個	84円
しめじ	1パック	78円
しいたけ	6個	150円
えのきたけ	1/2袋	39円
牛切り落とし肉	100g	228円
豚バラ肉	100g	98円
鶏もも肉	100g	78円
牛豚合いびき肉	100g	108円
豚ひき肉	100g	88円
サバみそ缶	1缶(100g)	98円
木綿豆腐	1丁(300g)	58円
油揚げ	4枚	47円
乾燥わかめ	5g	20円
しらたき	1袋(300g)	58円

4人分合計 2,570円 → 1人分あたり なんと 643円

代用品一覧表

◆チキンのトマト煮
鶏もも肉→鶏むね肉、鶏ささ身

◆牛肉とごぼうのすき焼き風
牛切り落とし肉→豚こま切れ肉、豚バラ肉
長ねぎ→玉ねぎ

◆ひき肉とじゃがいものメンチコロッケ
牛豚合い挽き肉→豚ひき肉、鶏ひき肉
じゃがいも→さつまいも

◆中華丼
豚バラ肉→豚こま切れ肉
白菜→キャベツ
小松菜→ほうれん草、ピーマン
しいたけ→きくらげ、しめじ

◆ニラとサバ缶のごはんのお供
ニラ→長ねぎ
サバ缶→さんまの蒲焼き缶、イワシ缶

◆かぼちゃの粒マスタードサラダ
かぼちゃ→じゃがいも、さつまいも

◆いろんな野菜のシンプル漬け
大根→かぶ

◆水菜のおかかごま和え
水菜→キャベツ、豆苗、レタス

◆アスパラのポン酢浸し
アスパラガス→冷凍いんげん

◆レタスの即席塩昆布漬け
レタス→水菜、豆苗

常備食材・調味料リスト

- カットトマト缶
- 塩昆布
- しょうゆ
- 砂糖
- 酒
- 酢
- みりん
- 塩
- こしょう
- サラダ油
- ごま油
- 片栗粉
- コンソメ（固形）
- 粗びき黒こしょう
- マヨネーズ
- ショウガ（チューブ）
- ニンニク（チューブ）
- めんつゆ（3倍濃縮）
- 鶏がらスープの素（顆粒）
- 炒りごま（白）
- すりごま（白）
- 豆板醤
- バター
- 牛脂
- トマトケチャップ
- 中濃ソース
- はちみつ
- かつお節
- 焼肉のたれ
- 粒マスタード
- ポン酢しょうゆ
- ゆずペースト（チューブ）

※お好みで、粉チーズ、ラー油、赤唐辛子（輪切り）、小ねぎを買い足してください。

1週間献立カレンダー

Saturday·Sunday 土・日	Monday 月	Tuesday 火
買い出し & 仕込み	主菜 牛肉とごぼうのすき焼き風	主菜 チキンのトマト煮
	副菜 水菜のおかかごま和え （半量）	副菜 アスパラのポン酢浸し
	副菜 いろんな野菜の シンプル漬け（半量）	副菜 ニラとサバ缶の ごはんのお供（半量）

いろんなお肉が食べられる、バラエティー豊富な1週間献立。お肉の量は控えめでも、
野菜や大豆製品がたっぷりなので、見た目もおなかも大満足間違いなし！

Wednesday 水	Thursday 木	Friday 金
主菜 中華丼	主菜 レンチン麻婆豆腐	主菜 ひき肉とじゃがいもの メンチコロッケ
副菜 いろんな野菜の シンプル漬け（半量）	副菜 かぼちゃの 粒マスタードサラダ	副菜 レタスの即席塩昆布漬け
	副菜 水菜のおかかごま和え （半量）	副菜 ニラとサバ缶の ごはんのお供（半量）

鶏肉100gなのにボリューム満点！

チキンのトマト煮

{ 材料 } 4人分

鶏もも肉	100g
にんじん	1本
玉ねぎ	1個
ブロッコリー	1房
しめじ	1パック

A
カットトマト缶	1缶（400g）
トマトケチャップ・中濃ソース	各大さじ3
コンソメ（固形）	2個
砂糖	大さじ1
塩・こしょう	各小さじ1/2
水	50㎖

粉チーズ・粗びき黒こしょう ………… 各適宜

{ 作り方 }

1 鶏肉は2cm角に切り、にんじんは乱切り、玉ねぎはくし形切り、ブロッコリーとしめじは小房に分ける。

2 炊飯器に、ブロッコリー以外の食材とAを入れて混ぜ合わせ、通常モードで炊き、保存容器（特大）に入れて保存する。

3 ブロッコリーは、沸騰した鍋に塩小さじ1/2（分量外）を入れ、1分ほどゆでて水気を切り、2とは別の保存容器（中）に入れて保存する。食べるときにお好みで粉チーズ、粗びき黒こしょうをふる。

DATA

💰 1人分 **85円**

調理時間	15分（炊飯時間は除く）
保存期間	冷蔵3日、冷凍14日
保存容器の種類	保存容器（特大＋中）
温め時間	冷蔵600W8分、冷凍1皿10分、ブロッコリーは前日に自然解凍して温める
お弁当	可（スープジャー）

MEMO

食べるときに2つを合わせてレンジで温めてください。ピザ用チーズを加えて加熱し、とろっとさせて食べるのもおすすめです！

MEMO
我が家では、丼にして真ん中に黄身を落としたら大好評でした！

DATA

👛 **1人分 120円**

調理時間	20分
保存期間	冷蔵3日、冷凍NG
保存容器の種類	保存容器（特大）
温め時間	600W5分
お弁当	可

ごぼう&しらたきでカサ増し！

牛肉とごぼうのすき焼き風

{ 材料 } 4人分

牛切り落とし肉 ………… 100g
ごぼう ………………………… 1本
長ねぎ ………………………… 2本
しらたき ………… 1袋（300g）
A ┌ めんつゆ（3倍濃縮）・水
　 │ ………………… 各大さじ3
　 └ 砂糖 ……………… 大さじ2
牛脂 ………………… 1個（10g）

{ 作り方 }

1 ごぼうはピーラーで薄くスライスし、リボン状にする。長ねぎは青い部分もすべて斜め切りにする。しらたきは長ければ切り、湯通しする。

2 フライパンに牛脂を中火で熱し、牛肉を入れて炒め、ごぼう、長ねぎ、しらたきを加えて全体に照りが出るまで炒め合わせる。

3 Aを加えて煮立ったら8分煮て、**保存容器に入れて保存する。**

DATA

👛 1人分 **69**円

調理時間	10分（保存前）＋10分（保存後）
保存期間	冷蔵3日、冷凍14日（冷凍する場合は豆腐を抜く）
保存容器の種類	保存容器（特大）
温め時間	冷蔵600W5分、冷凍7分
お弁当	不可

火を使わないから簡単♪

レンチン麻婆豆腐

{ 材料 } 4人分

豚ひき肉	100g
長ねぎ	1本
しいたけ	3枚
木綿豆腐	1丁（300g）
A 鶏がらスープの素（顆粒）・しょうゆ・酒・ごま油	各大さじ1と1/2
豆板醤	小さじ1
ショウガ・ニンニク（チューブ）	各5cm
水	50mℓ
水溶き片栗粉	大さじ3
小ねぎ・ラー油	各適宜

{ 作り方 }

1 長ねぎ（青い部分もすべて）、しいたけはみじん切りにする。

2 耐熱性の保存容器にAを入れて混ぜ合わせ、ひき肉、長ねぎ、しいたけを加えてさらに混ぜる。ふんわりラップをかけて電子レンジで5分加熱し、**保存容器ごと保存する。**

3 食べるときに2にさいの目に切った豆腐を入れて混ぜ合わせ、電子レンジで4分加熱する。

4 水溶き片栗粉を加えて混ぜ合わせ、電子レンジで3分加熱し混ぜ合わせる。お好みで小口切りにした小ねぎとラー油をかける。

MEMO

・召し上がる日に作る場合はそのまま通しで作ってOK。

・辛党の方は、豆板醤を大さじ1入れましょう。

ひき肉とじゃがいものメンチコロッケ

{ 材料 } 4人分

牛豚合いびき肉 100g
キャベツ 1/6個
じゃがいも 3個
油揚げ 4枚

A
塩・粗びき黒こしょう
.... 各小さじ1
牛脂 .... 1個（10g）
バター 20g

{ 作り方 }

1 キャベツはせん切りにする。じゃがいもは薄めの乱切りにする。油揚げは半分に切り、袋状にして裏返す。

2 耐熱容器にひき肉、キャベツ、じゃがいもを入れてふんわりラップをかけ、電子レンジで10分加熱する。ⓐ

3 熱いうちにAを加えて混ぜ合わせて粗熱を取り、8等分して油揚げに詰め、コロッケの形に成形する。ⓑ

4 トースター用のトレーにのせ、1000Wのトースターで片面10分ずつ焼き、保存容器に入れて保存する。

DATA

💰 **1人分65円**

調理時間 35分
保存期間 冷蔵3日、冷凍14日
保存容器の種類 保存容器（特大）
温め時間 冷蔵600W4分、冷凍7分
で加熱後、1000Wトースターで5分
お弁当 可

MEMO

油を使わず、衣にパン粉も使わないのでヘルシーな仕上がりに。衣をつける手間、揚げ物をする手間も省くことができます。

DATA

💰1人分**92**円

調理時間 20分（冷蔵前）＋5分（冷蔵後）
保存期間 冷蔵3日、冷凍NG
保存容器の種類 保存容器（特大）
お弁当 不可

具材たっぷりなのに1食100円以下！

中華丼

{ 材料 } 4人分

豚バラ肉 ……………………… 100g
白菜 ………………………… 1/6個
小松菜 ……………………… 1/2袋
にんじん …………………… 1/2本
たけのこ水煮 ……………… 1/2袋
しいたけ …………………… 3枚
塩・こしょう ……… 各小さじ1/4

A
鶏がらスープの素（顆粒）・
みりん・酒
……………… 各大さじ1と1/2
砂糖 ………………… 小さじ1
水 ……………………… 50㎖
ショウガ・ニンニク
（チューブ） …………… 各3cm

水溶き片栗粉 ……………… 大さじ2
ごま油 ……………………… 大さじ1

{ 作り方 }

1 豚肉、白菜、小松菜は3〜4cmの長さに切り、にんじん、たけのこ水煮は短冊切り、しいたけは薄切りにする。白菜は白い部分と葉の部分に分ける。

2 フライパンにごま油を中火で熱し、豚肉を入れて塩・こしょうをふり、火が通るまで炒める。

3 白菜の白い部分、にんじん、たけのこ水煮、しいたけを入れて油がまわるまで炒め合わせ、フタをして5分ほど蒸し焼きにする。

4 白菜の葉の部分と小松菜を入れて火が通るまで炒め合わせ、**A**を加えて3分ほど煮立たせる。**保存容器に入れて保存する。**

5 食べるときにフライパンに**4**を入れて火にかけ、煮立ったら水溶き片栗粉を加えてとろみをつけ、茶碗に盛ったごはん（分量外）の上にかける。

MEMO

• 温かいごはんの
上にかけてお召し
上がりください。
• きくらげの代わり
にしいたけを使っ
て節約！
• にんじんは薄めに
切ると火の通りが
早くなります。

71

DATA

👛 1人分 **54円**

調理時間	10分
保存期間	冷蔵5日、冷凍14日
保存容器の種類	保存容器（大）
温め時間	冷蔵の場合温め不要、冷凍の場合は前日に自然解凍
お弁当	可

手軽にパパッと栄養補給！

ニラとサバ缶のごはんのお供

{ 材料 } 4人分

サバみそ缶 ……… 1缶（100g）
ニラ ………………………… 1束
えのきたけ ……………… 1/2袋
A ┌ 焼肉のたれ …… 大さじ3
  │ 炒りごま（白）… 大さじ1
  │ ごま油 ………… 小さじ1
  │ ショウガ・ニンニク
  └ （チューブ）…… 各3cm
ラー油 ………………………… 適宜

{ 作り方 }

1　ニラとえのきたけはみじん切りにする。サバ缶は汁気を切る。

2　耐熱性の保存容器に、1とAを入れてふんわりラップをかけ、電子レンジで3分加熱し、混ぜ合わせて**保存容器ごと保存する**。食べるときにお好みでラー油をかける。

MEMO

・電子レンジで加熱後、水分が多いときはペーパータオルで拭き取りましょう。

・ごはんはもちろん、冷奴、トースト、納豆などにトッピングしてもおいしくいただけます。

ピリッとした辛みがアクセント

かぼちゃの粒マスタードサラダ

{ 材料 } 4人分

かぼちゃ ······························· 1/4個

A マヨネーズ・粒マスタード・
　しょうゆ ·········· 各大さじ1
粗びき黒こしょう ··············· 適宜

DATA

👛 1人分**40円**

調理時間 10分

保存期間 冷蔵4日、冷凍14日

保存容器の種類 保存容器（大）

温め時間 冷蔵の場合温め不要、
冷凍の場合は前日に自然解凍

お弁当 可

{ 作り方 }

1 かぼちゃはラップに包み、電子レンジで2分加熱し、乱切りにする。

2 耐熱性の保存容器にかぼちゃを入れ、ふんわりラップをかけて5分加熱する。

3 Aを加えて混ぜ合わせ、**保存容器ごと保存する**。食べるときにお好みで粗びき黒こしょうをかける。

近所のおばあちゃん直伝！

いろんな野菜のシンプル漬け

{ 材料 } 4人分

大根	1/4本
にんじん	1/2本
きゅうり	1本
乾燥わかめ	5g
A 塩・はちみつ	各小さじ1
ゆずペースト（チューブ）	5cm

{ 作り方 }

1 大根、にんじんは5cm長さのせん切り、きゅうりは輪切りにする。

2 ポリ袋にすべての材料を入れてもみ込み、**ポリ袋ごと最低ひと晩保存する。**

DATA

👛 1人分 **26円**

調理時間	5分
保存期間	冷蔵7日、冷凍NG
保存容器の種類	ポリ袋
温め時間	温め不要
お弁当	可

MEMO

ゆずがある場合は、ゆずペーストの代わりにゆずの皮を使うのがおすすめ！その場合は1/4個分ほどの皮を細切りし、果汁も少し入れると風味がかなり増します。

コスパ最強即席レシピ！

水菜のおかかごま和え

DATA

👛 1人分 **20円**

調理時間	5分
保存期間	冷蔵4日、冷凍NG
保存容器の種類	ポリ袋
温め時間	温め不要
お弁当	可

{ 材料 } 4人分

水菜	1袋
かつお節	小2袋（5〜6g）
しょうゆ・ごま油・サラダ油・すりごま（白）	各大さじ1と1/2
塩	小さじ1/2

{ 作り方 }

1 水菜は3〜4cmのざく切りにし、水でしっかり洗って水気を絞る。

2 ポリ袋に、水菜、かつお節を入れていったん混ぜ合わせ、その他の調味料を加えて混ぜ合わせ、**ポリ袋ごと保存する。**

MEMO

水菜はその名の通り水分が多めなので、洗ったときにしっかり絞るのが保存を長持ちさせるポイント。しっかり絞ることでしんなりして食べやすくなります。

材料3つですぐできる！

アスパラのポン酢浸し

{ 材料 } 4人分

グリーンアスパラガス ……… 2束
ポン酢しょうゆ …………… 大さじ2
塩 ……………………………… 少々

{ 作り方 }

1 アスパラガスは下1/3は皮をむき、5cm長さに切ってから縦半分に切る。

2 アスパラガスに塩をふり、ラップに包んで電子レンジで1分30秒加熱し、ラップに包んだまま冷水に入れて粗熱を取る。

3 ポリ袋に2を入れて、ポン酢しょうゆを加えてもみ込み、**ポリ袋ごと保存する。**

DATA

👛**1人分49円**

調理時間 5分
保存期間 冷蔵5日、冷凍14日
保存容器の種類 ポリ袋
温め時間 冷蔵の場合は温め不要、冷凍の場合は自然解凍
お弁当 可

シャキシャキ食感がおいしい！

レタスの即席塩昆布漬け

{ 材料 } 4人分

レタス ………………………… 1個
酢 ………………………… 大さじ1
A 塩昆布 ………………… 大さじ3
赤唐辛子（輪切り） ……… 適宜

{ 作り方 }

1 レタスは食べやすい大きさに手でちぎり、塩小さじ1（分量外）でもんで水気をしっかり絞る。

2 ポリ袋に、レタス、Aを入れて混ぜ合わせ、**ポリ袋ごと保存する。**

DATA

👛**1人分25円**

調理時間 5分
保存期間 冷蔵4日、冷凍NG
保存容器の種類 ポリ袋
温め時間 温め不要
お弁当 可

ボウルも菜箸も不要! 楽ちんポリ袋レシピ10

ポリ袋で混ぜて保存しておくだけの簡単レシピをご紹介! メニューが足りなかったときや、1週間分の献立を作りおきする時間がない人にも最適です。

すりごまでコクがアップ

豆苗とツナの彩りサラダ

DATA

👛 1人分 **51**円

調理時間	5分
保存期間	冷蔵4日、冷凍NG
温め時間	温め不要
お弁当	可

{ 材料 } 4人分

豆苗 ……………………… 1袋
ツナ缶 (油漬け)
　　………………… 1缶 (70g)
ミニトマト ……………… 5個
しょうゆ・酢・砂糖・すり
ごま (白) … 各大さじ1
鶏がらスープの素 (顆粒)
　　……………… 小さじ1
焼きのり ……………… 適量

{ 作り方 }

1　豆苗は3〜4cmの長さに切り、ミニトマトは半分に切る。

2　ポリ袋に、ツナ (油ごと)、焼きのり以外のすべての材料を加えて混ぜ合わせ、**ポリ袋ごと保存する**。食べるときに、焼きのりをちぎって散らす。

お弁当の彩り担当!

パプリカの塩昆布マリネ

{ 材料 } 4人分

パプリカ (赤・黄)… 各1個
酢・塩昆布 …… 各大さじ2
砂糖 ……………… 大さじ1

DATA

👛 1人分 **39**円

調理時間	5分
保存期間	冷蔵5日、冷凍14日
温め時間	冷蔵の場合温め不要、冷凍の場合前日に自然解凍
お弁当	可

{ 作り方 }

1　パプリカは種とワタを取り除き、せん切りにする。

2　ポリ袋にすべての材料を入れて混ぜ合わせ、1時間ほどおいて**ポリ袋ごと保存する**。

混ぜるだけで完成！

きゅうりとトマトの豆サラダ

{ 材料 } 4人分

きゅうり	1本
ミニトマト	5個
大葉	5枚
ミックスビーンズ	70g
砂糖・レモン汁・オリーブ油	各大さじ1
和風だしの素（顆粒）	小さじ1
かつお節	小1袋（2.5〜3g）
ニンニク（チューブ）	3㎝

DATA

👛 **1人分 60円**

調理時間	5分
保存期間	冷蔵4日、冷凍NG
温め時間	温め不要
お弁当	可

{ 作り方 }

1 きゅうりは1㎝角に切り、ミニトマトは4等分する。大葉はちぎる。

2 ポリ袋にすべての材料を入れて混ぜ合わせ、**ポリ袋ごと保存する。**

シャキシャキ食感で箸が進む

ズッキーニとツナのペペロン風サラダ

{ 材料 } 4人分

ズッキーニ	1本
ツナ缶（油漬け）	1缶（70g）
酢	大さじ1
コンソメ（顆粒）	小さじ1
塩・粗びき黒こしょう	各小さじ1/2
ニンニク（チューブ）	5㎝
七味唐辛子	少々

{ 作り方 }

1 ズッキーニは、スライサーで薄くリボン状にスライスする。

2 ポリ袋にすべての材料（ツナは油ごと）を入れて混ぜ合わせ、**ポリ袋ごと保存する。**

DATA

👛 **1人分 37円**

調理時間	5分
保存期間	冷蔵4日、冷凍NG
温め時間	温め不要
お弁当	可

POINT

お弁当に入れる場合は、水分をよく切ってから詰めましょう。

さっぱりお口直しに♪

キャベツときゅうりの
まろやか梅サラダ

{ 材料 } 4人分

キャベツ ………… 1/6個
きゅうり ………… 1本
梅干し ………… 3個
大葉 ………… 5枚
塩昆布・炒りごま（白）
………… 各大さじ2
酢・砂糖 … 各小さじ1

{ 作り方 }

1 キャベツと大葉はせん切り、きゅうりは輪切り、梅干しは種を取ってたたく。

2 ポリ袋にキャベツ以外の材料をすべて入れて混ぜ合わせ、キャベツを半量ずつ加えてそのつど混ぜ合わせる。2時間おいてポリ袋ごと保存する。

POINT

キャベツと他の具材や調味料がよくからむように、キャベツは最後に半量ずつ入れて混ぜ合わせましょう。

DATA

💰1人分 **35円**

調理時間	5分
保存期間	冷蔵5日、冷凍NG
温め時間	温め不要
お弁当	可

あと引くおいしさ♪

大根の甘酢漬け

DATA

💰1人分 **9円**

調理時間	5分
保存期間	冷蔵7日、冷凍NG
温め時間	温め不要
お弁当	可

{ 材料 } 4人分

大根 ………… 1/4本
砂糖・酢 … 各大さじ4
塩 ………… 小さじ1/2
ゆずの皮・ゆず果汁
・赤唐辛子（輪切り）
………… 各適量

{ 作り方 }

1 大根は薄めの半月切りにする。ゆずの皮は1～2cm長さのせん切りにする。

2 ポリ袋にすべての材料を入れて混ぜ合わせ、2時間おいてポリ袋ごと保存する。

POINT

ゆずがなければゆずペーストのチューブでもOK。その場合は大さじ1を加えましょう。また、ゆずの皮はなるべくワタの部分を取り除き、1/4個分ほど入れると香りよくおいしく仕上がります。

スライサーを使えば簡単♪

にんじんごまマヨサラダ

{ 材料 } 4人分

にんじん ………… 1と1/2本
焼肉のたれ・マヨネーズ
　………………… 各大さじ2
炒りごま（白）・すりごま
　（白）………… 各大さじ1
砂糖・ごま油 … 各小さじ1
粗びき黒こしょう ‥‥ 適宜

{ 作り方 }

1 にんじんはスライサーで5cm
長さのせん切りにする（皮
ごとせん切りにするのがお
すすめです）。

2 ポリ袋にすべての材料を入
れて混ぜ合わせ、1時間ほ
どおき、**ポリ袋ごと保存す
る**。食べるときにお好みで
粗びき黒こしょうをかける。

POINT

皮を入れると少し黒くなりま
すが、悪くなっているわけで
はないのでそのままおいしく
食べられます。気になる場合
は皮をむいて作りましょう。

DATA

🛍️ **1人分11円**

調理時間	5分
保存期間	冷蔵4日、冷凍14日
温め時間	冷蔵の場合温め不要、冷凍の場合前日に自然解凍
お弁当	可

捨てがちな大根の皮を利用！

豆苗と大根の皮のハムサラダ

{ 材料 } 4人分

豆苗 ……………………… 1袋
ハム ……………………… 5枚
大根の皮 …………… 1本分
塩 …………………… 小さじ1

A ┌ マヨネーズ … 大さじ3
　│ ポン酢しょうゆ
　│ ……………… 大さじ2
　│ みそ・すりごま（白）
　└ ………… 各大さじ1
炒りごま（白）……… 適宜

{ 作り方 }

1 豆苗は3〜4cmの長
さに切り、ハムは短
冊切りにする。大根
の皮は2mm幅にむい
て5cm長さのせん切
りにし、塩を入れて
もみ込み、10分おい
てから水気を絞る。

2 ポリ袋に、大根の皮、
Aを入れて混ぜ合わ
せ、豆苗とハムを加
えて混ぜ合わせる。
食べるときにお好み
で炒りごまをかける。

DATA

🛍️ **1人分44円**

調理時間	5分（塩もみの時間は除く）
保存期間	冷蔵4日、冷凍NG
温め時間	温め不要
お弁当	可

ごまの風味が食欲をそそる

切り干し大根の和風サラダ

{ 材料 } 4人分

切り干し大根	30g
にんじん	1/2本
きゅうり	1本
塩	小さじ1/2
A 和風ドレッシング	大さじ3
炒りごま(白)・すりごま(白)	各大さじ1

{ 作り方 }

1 切り干し大根は水で戻して絞る。にんじんときゅうりはスライサーで5cm長さのせん切りにし、塩を入れてもみ込み5分おき、水気を絞る。

2 ポリ袋に1とAを入れて混ぜ合わせ、**ポリ袋ごと保存する**。

DATA

👛1人分**22円**

調理時間	10分(浸水時間を除く)
保存期間	冷蔵4日、冷凍NG
温め時間	温め不要
お弁当	可

切って和えるだけ♪

キャベツのまろやか塩こうじマリネ

DATA

👛1人分**8円**

調理時間	5分
保存期間	冷蔵7日、冷凍NG
温め時間	温め不要
お弁当	可

{ 材料 } 4人分

キャベツ	1/4個
塩こうじ・酢・レモン汁・オリーブ油・砂糖	各大さじ1
ニンニク(チューブ)	5cm

{ 作り方 }

1 キャベツはせん切りにする。カット野菜を使ってもOK。

2 ポリ袋にすべての調味料を入れて混ぜ合わせ、キャベツを半量ずつ加えてそのつど混ぜ、**ポリ袋ごと保存する**。

5
week

洗い物が少ない
時短献立

1週間2986円
洗い物が少ない時短献立

menu

- 火を使わない照り焼きチキン
- 豚肉と季節野菜のうろこ蒸し
- 豚キャベツの香味ポン酢だれ
- 鶏じゃがガーリックオイル焼き
- 豚肉とパプリカのトマト包み煮
- 絶品切り干し大根
- きのこの塩こうじマリネ
- きゅうりとカニカマのまろ辛和え
- キャベツとひじきの和風マヨサラダ
- ピーマンとツナのさっぱり和え
- きゅうりと魚肉ソーセージの中華サラダ

使用する容器

- 特大（1200 〜 1500mℓ）×3個
- 大（800 〜 900mℓ）×1個
- 小（250 〜 500mℓ）×5個
- 耐熱皿×1枚
- ポリ袋（25 〜 35cm）×3枚
- クッキングシート
  （30 × 30cm）×4枚

フライパンを使わずできるレシピなど、洗い物も少なくてすむので家事の負担も軽減できます。

1week 買い物リスト

83

食材	分量	価格
キャベツ	1/2個	64円
もやし	1袋	19円
豆苗	1袋	78円
長ねぎ	2本	106円
きゅうり	2本	74円
なす	2本	72円
ピーマン	1袋(4個)	78円
パプリカ(赤黄)	各1個	156円
ズッキーニ	1本	78円
ニンニク	2片	20円
にんじん	1本	28円
玉ねぎ	1個	28円
じゃがいも	2個	56円
しめじ	1パック	78円
しいたけ	7個	77円
エリンギ	1パック	78円
豚こま切れ肉	750g	660円
鶏むね肉	2枚	348円
鶏もも肉	2枚	468円
カニ風味かまぼこ	1パック	98円
魚肉ソーセージ	1本	52円
ツナ缶(油漬け)	1缶(70g)	70円
コーン缶	1/2缶(60g)	39円
切り干し大根	30g	35円
乾燥ひじき	10g	68円
しらたき	1袋(300g)	58円

代用品一覧表

◆**豚肉と季節野菜のうろこ蒸し、 豚キャベツの香味ポン酢だれ**
豚こま肉→豚バラ肉

◆**鶏じゃがガーリックオイル焼き**
鶏むね肉→鶏もも肉、鶏ささ身
じゃがいも→里いも、さつまいも

◆**豚肉とパプリカのトマト包み煮**
豚こま切れ肉→豚バラ肉
パプリカ→ピーマン＆にんじん、
冷凍いんげん＆にんじん

◆**きゅうりとカニカマのまろ辛和え**
きゅうり→水菜、豆苗、キャベツ

◆**キャベツとひじきの和風マヨサラダ**
キャベツ→レタス、きゅうり、水菜

◆**ピーマンとツナのさっぱり和え**
ピーマン→冷凍いんげん、アスパラガス

◆**きゅうりと魚肉ソーセージの中華サラダ**
きゅうり→水菜、豆苗、キャベツ
魚肉ソーセージ→ハム

4人分合計
2,986円 →
**1人分あたり
なんと
747**円

常備食材・調味料リスト

- ●カットトマト缶
- ●塩昆布
- ●ニンニク
- ●しょうゆ
- ●砂糖
- ●酒
- ●酢
- ●みりん
- ●塩
- ●こしょう
- ●オリーブ油
- ●ごま油
- ●和風だしの素（顆粒）
- ●マヨネーズ
- ●コンソメ（顆粒）
- ●ショウガ（チューブ）
- ●めんつゆ（3倍濃縮）
- ●鶏がらスープの素（顆粒）
- ●炒りごま（白）
- ●豆板醤
- ●トマトケチャップ
- ●中濃ソース
- ●ポン酢しょうゆ
- ●塩こうじ
- ●ラー油
- ●焼肉のたれ
- ●バジル

※お好みで、小ねぎ、パセリ、粗びき黒こしょうを買い足してください。

1週間献立カレンダー

Saturday・Sunday 土・日	Monday 月	Tuesday 火
買 い 出 し ＆ 仕 込 み	主菜 豚肉と季節野菜の うろこ蒸し 副菜 きゅうりとカニカマの まろ辛和え 副菜 絶品切り干し大根（半量）	主菜 火を使わない 照り焼きチキン 副菜 キャベツとひじきの 和風マヨサラダ（半量） 副菜 きのこの塩こうじマリネ （半量）

保存容器ごと食卓に並べてもおしゃれな、作りおきおかずレシピが盛りだくさん。
お弁当にもおつまみにピッタリの副菜も重宝しそう♪

Wednesday 水	Thursday 木	Friday 金
主菜  豚キャベツの 香味ポン酢だれ	主菜  鶏じゃがガーリック オイル焼き	主菜  豚肉とパプリカの トマト包み煮
副菜  きゅうりと魚肉ソーセージ の中華サラダ	副菜  ピーマンとツナ のさっぱり和え	副菜  きのこの塩こうじマリネ （半量）
	副菜  絶品切り干し大根（半量）	副菜  キャベツとひじきの 和風マヨサラダ（半量）

DATA

💰 1人分 **130**円

調理時間	20分（浸ける時間を除く）
保存期間	冷蔵3日、冷凍14日
保存容器の種類	保存容器（特大）
温め時間	冷蔵600W5分、冷凍7分30秒
お弁当	可

MEMO

トースターで焼く際は、様子を見ながら焼き時間を1分ずつ増減してください。火を使わないので、夏場の暑い時期におすすめです。

レンチン&トースターで簡単♪

火を使わない照り焼きチキン

{ 材料 } 4人分

鶏もも肉 ………………… 2枚
長ねぎ ……………………… 1本
A しょうゆ・みりん
　　………………… 各大さじ3
　砂糖 ……………… 大さじ2
小ねぎ …………………… 適宜

{ 作り方 }

1 鶏肉は包丁で皮目に数カ所穴をあけ、長ねぎは5cmの長さに切る。

2 耐熱性の保存容器にAを入れて混ぜ合わせ、鶏肉を入れて10分おく。

3 鶏肉の下に長ねぎを敷き、鶏肉の皮目を下にしてふんわりラップをかけ、電子レンジで6分加熱する。裏返し、ラップをかけずに4分加熱する。

4 たれをよく鶏肉にまとわせて、皮目を上にし1000Wのトースターで、焦げ目がつくまで5分焼き、**保存容器ごと保存する**。食べるときに食べやすい大きさに切り、お好みで小口切りにした小ねぎを散らす。

洗い物の手間をカット！

豚肉と季節野菜のうろこ蒸し

MEMO
豚こまは加熱すると縮むため、ぎゅうぎゅうに詰めるとキレイに仕上がります。

{ 材料 } 4人分

豚こま切れ肉 200g
なす 2本
ズッキーニ 1本

A | 塩・こしょう
........................各小さじ1/4
| 酒 大さじ1

B | しょうゆ・酢 … 各大さじ2
| 砂糖・マヨネーズ
.... 各大さじ1
| 豆板醤 小さじ1

{ 作り方 }

1 なすとズッキーニは、ヘタを落として5mm幅の薄切りにする。

2 耐熱性の保存容器になす、豚肉、ズッキーニをずらしながらうろこのように重ねて敷き詰め、全体に**A**をふりかける。

3 ラップをかけて電子レンジで5分加熱し、**保存容器ごと保存する**。

4 食べるときに**B**を混ぜ合わせてたれを作り、つけながらいただく。

DATA

👛 **1人分82円**

調理時間	15分
保存期間	冷蔵3日、冷凍14日
保存容器の種類	保存容器（特大＋小）
温め時間	冷蔵で600W4分、冷凍6分30秒
お弁当	不可

DATA

💰 1人分 **86円**

調理時間	15分
保存期間	冷蔵3日、冷凍NG
保存容器の種類	耐熱皿＋保存容器
（小）＋ポリ袋	
温め時間	600W4分
お弁当	不可

さっぱりあと引くおいしさ

豚キャベツの香味ポン酢だれ

{ 材料 } 4人分

豚こま切れ肉 ……… 250g
キャベツ …………… 1/4個
長ねぎ …………… 1/4本
豆苗 ………………… 1袋
A ┌ ポン酢しょうゆ
　│ …………… 大さじ2
　│ 焼肉のたれ
　│ …………… 大さじ2
　└ ラー油 ………… 適宜

{ 作り方 }

1 キャベツはせん切りにし、長ねぎはみじん切りにする。豆苗は5㎝の長さに切り、**ポリ袋に入れて保存する。**

2 耐熱皿にキャベツ、豚肉の順で敷き詰め、ラップをかけて電子レンジで4分加熱し、**耐熱皿ごと保存する。**

3 保存容器（小）に長ねぎ、**A**を入れて混ぜ合わせて香味だれを作り、**保存容器ごと保存する。**食べるときに**2**の上に豆苗をのせ、香味だれをかける。

MEMO

キャベツと豚肉、豆苗、香味だれの3点セットで保存し、食べるときに豆苗を盛ってたれをかけることで、豆苗の食感を損なうことなくおいしく食べることができます。

こんがりジューシー！

鶏じゃがガーリックオイル焼き

{ 材料 } 4人分

鶏むね肉	2枚
じゃがいも	2個
ニンニク	2片
A めんつゆ（3倍濃縮）・酒・砂糖・オリーブ油	各大さじ2
塩・こしょう	各小さじ1/4
パセリ・粗びき黒こしょう	各適宜

{ 作り方 }

1 鶏肉は1枚を4等分のそぎ切りにし、包丁の背でたたく。じゃがいもは5mm幅の薄切りにし、水に5分浸して水気を切る。ニンニクは薄切りにする。

2 耐熱性の保存容器に、鶏肉とAを入れてもみ込み、15分おく。

3 2に、じゃがいもを入れてふんわりラップをかけ、電子レンジで8分加熱する。いったん混ぜ合わせ、再度3分加熱する。

4 1000Wのトースターでこんがりするまで8分焼く。焼きが足りないときは1分ずつ追加して中まで火を通し、**耐熱容器ごと保存する**。食べるときに、お好みでパセリを散らし、粗びき黒こしょうをふる。

89

油不使用でヘルシー

豚肉とパプリカのトマト包み煮

{ 材料 } 4人分

豚こま切れ肉 300g
パプリカ（赤・黄）............. 各1個
玉ねぎ 1個

A
カットトマト缶
.... 1/2缶（200g）
トマトケチャップ・
中濃ソース 各大さじ3
コンソメ（顆粒）..... 大さじ1
バジル 10ふり

パセリ .... 適宜

{ 作り方 }

1 パプリカは種とワタと取ってせん切り、玉ねぎは薄切り
にする。クッキングシートは30×30cmに4枚カットする。

2 ボウルにAを入れて混ぜ合わせる。

3 クッキングシートに1/4量ずつ玉ねぎ、豚肉、パプリ
カの順にのせて2のソースをかけて包み、**トレーなど
にのせて冷凍保存する**。

4 冷凍のまま1つずつ耐熱皿にのせ、電子レンジで5分
加熱する。このまま5分おき、蒸らしながら煮込む。食
べるときにお好みでパセリを散らす。

DATA

💰 **1人分112円**

調理時間	5分（下味冷凍時間を除く）
保存期間	冷蔵NG、冷凍14日
保存容器の種類	**クッキングシート**
お弁当	不可

5week　洗い物が少ない時短献立

しらたき入りでポリュームアップ！

絶品切り干し大根

{ 材料 } 4人分

切り干し大根 ……………………… 30g
にんじん ……………………………… 1/2本
しいたけ ……………………………… 4個
しらたき …………… 1/2袋（150g）

A
めんつゆ（3倍濃縮）…… 70㎖
水 …………………………… 100㎖
砂糖 ………………………… 大さじ1

{ 作り方 }

1 切り干し大根は、袋の表示時間通りに水で戻し、水気を切る。にんじんは5cm長さの短冊切りにし、しいたけは薄切りにする。しらたきは長ければ食べやすい大きさに切り、水気を切る。

2 炊飯器に、すべての材料を入れて混ぜ合わせ、通常モードで炊く。保存容器に入れて保存する。

DATA

👛1人分45円

調理時間	5分（浸水・炊飯時間は除く）
保存期間	冷蔵7日、冷凍NG
保存容器の種類	保存容器（小）
温め時間	冷蔵の場合温め不要
お弁当	可

DATA

👛 1人分 **58**円

調理時間	5分
保存期間	冷蔵7日、冷凍14日
保存容器の種類	保存容器（小）
温め時間	冷蔵の場合温め不要、冷凍の場合前日に自然解凍
お弁当	可

MEMO

最低20分ほどおくとなじんでマリネらしくなります。塩こうじを入れることでまろやかさが加わり、やさしい味わいに仕上がります。

さっぱりまろやか！

きのこの塩こうじマリネ

{ 材料 } 4人分

しめじ ····················· 1パック
しいたけ ··················· 3個
エリンギ ··················· 1パック
A 塩こうじ ··········· 大さじ2
　 酢・しょうゆ ··· 各大さじ1
パセリ ······················· 適宜

{ 作り方 }

1　しめじは石突きを切り落として小房に分け、しいたけ、エリンギは薄切りにする。

2　耐熱性の保存容器に1を入れてふんわりラップをかけ、電子レンジで3分加熱する。

3　2にAを加えて混ぜ、**保存容器ごと保存する**。食べるときにお好みでパセリを散らす。

ラー油の辛みがアクセント

きゅうりとカニカマのまろ辛和え

{ 材料 } 4人分

きゅうり ································ 1本
カニ風味かまぼこ ········ 1パック
もやし ································ 1袋
A
　塩昆布 ···················· 大さじ2
　ごま油 ···················· 大さじ1
　鶏がらスープの素（顆粒）・
　砂糖 ······················· 各大さじ1
　ラー油 ···················· 3プッシュ
　炒りごま（白）········ 大さじ2

{ 作り方 }

1 きゅうりはスライサーで5cm長さのせん切りにし、カニ風味かまぼこはほぐす。

2 耐熱性の保存容器にもやしを入れ、ラップをかけて電子レンジで2分加熱する。

3 ラップをずらして水分を抜き、きゅうり、カニ風味かぼこ、Aを加えて混ぜ合わせ、**保存容器ごと保存する。**

DATA

👛1人分**39**円

調理時間	5分
保存期間	冷蔵4日、冷凍NG
保存容器の種類	保存容器（大）
温め時間	温め不要
お弁当	可

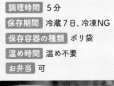

DATA

👛1人分**38**円

調理時間	5分
保存期間	冷蔵7日、冷凍NG
保存容器の種類	ポリ袋
温め時間	温め不要
お弁当	可

手軽に鉄分補給！

キャベツとひじきの和風マヨサラダ

{ 材料 } 4人分

キャベツ ·································· 1/4個
にんじん ·································· 1/2本
乾燥ひじき ······························· 10g
コーン缶 ·························· 1/2缶（60g）
マヨネーズ ···························· 大さじ3
酢・砂糖 ···························· 各大さじ1
しょうゆ・和風だしの素（顆粒）···· 各小さじ1
パセリ ································ 適宜

{ 作り方 }

1 キャベツはせん切り、にんじんはスライサーで5cm長さのせん切りにし、乾燥ひじきは袋の表示時間通りに水で戻して水気を切る。コーンは汁気を切る。

2 ポリ袋にすべての材料を入れてふり混ぜ、よくもんでなじんだら**ポリ袋ごと保存する。**食べるときにお好みでパセリを散らす。

おつまみにもおすすめのひと品

ピーマンとツナの さっぱり和え

{ 材料 } 4人分

ピーマン	4個
ツナ缶（油漬け）	1缶（70g）
長ねぎ	3/4本
A めんつゆ（3倍濃縮）	大さじ2
ショウガ（チューブ）	7cm
砂糖	小さじ1
粗びき黒こしょう	適宜

{ 作り方 }

1 ピーマンは種とワタを取り、長ねぎとともに5cm長さのせん切りにする。

2 耐熱性の保存容器に、長ねぎ、ピーマンの順に入れ、ラップをかけて電子レンジで2分30秒加熱する。

3 ラップをずらして水分を抜き、ツナ（油ごと）、Aを加えて混ぜ合わせ、**保存容器ごと保存する**。食べるときにお好みで粗びき黒こしょうをふる。

DATA

💰**1人分47円**

調理時間	5分
保存期間	冷蔵4日、冷凍14日
保存容器の種類	保存容器（小）
温め時間	冷蔵の場合温め不要、冷凍の場合前日に自然解凍
お弁当	可

さっぱりヘルシー！

きゅうりと魚肉ソーセージの中華サラダ

DATA

💰**1人分30円**

調理時間	5分
保存期間	冷蔵4日、冷凍NG
保存容器の種類	ポリ袋
温め時間	温め不要
お弁当	可

{ 材料 } 4人分

きゅうり	1本
しらたき	1/2袋（150g）
魚肉ソーセージ	1本
A 鶏がらスープの素（顆粒）・炒りごま（白）	各大さじ1
しょうゆ・酢・砂糖・ごま油	各小さじ1

{ 作り方 }

1 きゅうりと魚肉ソーセージは5cm長さのせん切り、しらたきは長ければ食べやすい大きさに切り、湯通しして水気を切る。

2 ポリ袋にすべての材料を入れて混ぜ、**ポリ袋ごと保存する**。

6
week

火を使わずできる
おかず献立

１週間3268円
火を使わずできるおかず献立

menu

- 肉だんごの酢豚風
- 蒸し鶏の万能ニラっきょだれ
- 豚肉とエリンギのケチャップソース
- 鶏肉となすの甘酢ごまだれ
- 鮭のコーンじゃがバター包み蒸し
- ひじきとツナの佃煮風
- パプリカとしめじのハニーマリネ
- 無限塩だれ小松菜
- きゅうりとミニトマトの塩こうじマリネ
- にんじんとちくわの和マスタードサラダ
- キャベツと大根の梅塩昆布和え

使用する容器

- 特大（1200 〜 1500㎖）×３個
- 大（800 〜 900㎖）×２個
- 小（250 〜 500㎖）×３個
- ポリ袋（25×35㎝）×３枚
- クッキングシート
  （30×30㎝）×４枚

すべてお弁当 OK なので、お弁当派の人の昼食にもおすすめ。火を使わないので、夏場など暑い日にもぴったりです。

1week 買い物リスト

代用品一覧表

◆肉だんごの酢豚風
豚ひき肉→鶏ひき肉
パプリカ（赤）→にんじん

◆豚肉とエリンギのケチャップソース
エリンギ→しめじ、しいたけ、えのきたけ

◆鮭のコーンじゃがバター包み蒸し
鮭→たら、ブリ

◆パプリカとしめじのハニーマリネ
しめじ→しいたけ、えのきたけ、エリンギ

◆無限塩だれ小松菜
小松菜→ほうれん草、チンゲン菜

◆きゅうりとミニトマトの塩こうじマリネ
きゅうり→水菜、豆苗、キャベツ
ミニトマト→トマト

◆キャベツと大根の梅塩昆布和え
キャベツ→きゅうり、水菜、豆苗

食材	分量	価格
キャベツ	1/4個	32円
大根	1/6本	22円
小松菜	1袋	78円
長ねぎ	1本	53円
ニラ	1束	78円
きゅうり	2本	74円
なす	3本	108円
ピーマン	1袋（4個）	78円
パプリカ（赤黄）	各1個	156円
ミニトマト	10個	110円
大葉	7枚	68円
冷凍いんげん	8本	32円
にんじん	1本	28円
玉ねぎ	1個	28円
じゃがいも	1個	28円
しめじ	1パック	78円
しいたけ	2個	50円
エリンギ	1パック	78円
鮭	4切れ	458円
豚こま切れ肉	300g	264円
鶏むね肉	2枚	348円
鶏もも肉	1枚	234円
豚ひき肉	400g	352円
ちくわ	1袋（4本）	58円
ツナ缶（油漬け）	1缶（70g）	70円
コーン缶	1/2缶（60g）	39円
油揚げ	1枚	12円
卵	1個	20円
乾燥ひじき	20g	136円
らっきょう	10個	78円
梅干し	2個	20円

4人分合計 3,268円 → 1人分あたり なんと 817円

常備食材・調味料リスト

- 牛乳
- 塩昆布
- 梅干し
- しょうゆ
- 砂糖
- 酒
- 酢
- 塩
- こしょう
- オリーブ油
- ごま油
- みそ
- コンソメ（顆粒）
- 粗びき黒こしょう
- ニンニク（チューブ）
- ショウガ（チューブ）
- 片栗粉
- マヨネーズ
- めんつゆ（3倍濃縮）
- 鶏がらスープの素（顆粒）
- 炒りごま（白）
- トマトケチャップ
- 中濃ソース
- ポン酢しょうゆ
- 塩こうじ
- パン粉
- レモン汁
- はちみつ
- 焼肉のたれ
- バジル
- 粒マスタード
- バター

※お好みで、パセリ、コーヒーフレッシュ、赤唐辛子（輪切り）を買い足してください。

1週間献立カレンダー

Saturday・Sunday 土・日	Monday 月	Tuesday 火

買い出し & 仕込み

月曜日

主菜

肉だんごの酢豚風

副菜

無限塩だれ小松菜

副菜

ひじきとツナの佃煮風
（半量）

火曜日

主菜

蒸し鶏の万能
ニラっきょだれ

副菜

パプリカとしめじの
ハニーマリネ（半量）

すべて火を使わずできるとは思えないバラエティ豊かなラインナップ！
お子さんと一緒に料理をする場合も、安心して作ることができるのでおすすめです。

Wednesday 水	Thursday 木	Friday 金

主菜

豚肉とエリンギの
ケチャップソース

主菜

鶏肉となすの甘酢ごまだれ

主菜

鮭のコーンじゃが
バター包み蒸し

副菜

きゅうりとミニトマトの
塩こうじマリネ

副菜

にんじんとちくわの
和マスタードサラダ

副菜

キャベツと大根の
梅塩昆布和え

副菜

ひじきとツナの佃煮風
（半量）

副菜

パプリカとしめじの
ハニーマリネ（半量）

DATA

👛 1人分 **116円**

調理時間	25分
保存期間	冷蔵3日、冷凍14日
保存容器の種類	保存容器（特大）
温め時間	冷蔵600W5分30秒、冷凍7分
お弁当	可

レンチンで簡単♪

肉だんごの酢豚風

{ 材料 } 4人分

豚ひき肉 ……… 400g
ピーマン ………… 2個
パプリカ(赤)… 1/2個
玉ねぎ ………… 1/2個

A
卵 ………………… 1個
パン粉・牛乳
　…… 各大さじ6
塩・こしょう
　………… 各少々

B
砂糖・しょうゆ・
トマトケチャップ
　………… 各大さじ4
酢 ………… 大さじ3
酒・水 …… 各大さじ2
片栗粉 ……… 大さじ1

{ 作り方 }

1 ピーマンと赤パプリカは種とワタを取り乱切り、玉ねぎはくし形切りにする。

2 耐熱性の保存容器に**1**を入れる。

3 ポリ袋にひき肉と**A**を入れてもみ込み、ひと口大に丸めて**2**にのせる。

4 **3**に**B**を合わせてまわしかけ、ふんわりラップをかけて電子レンジで6分加熱する。裏返して同様にラップをかけて4分加熱する。熱いうちによく混ぜ、**保存容器ごと保存する。**

100

DATA

👛**1人分126円**

調理時間	10分（炊飯時間は除く）
保存期間	冷蔵4日、冷凍14日
保存容器の種類	保存容器

（大＋小）

| 温め時間 | 冷蔵の場合温め不要、冷凍の場合はどちらも前日に自然解凍 |
| お弁当 | 可 |

MEMO

お弁当に入れるときは、ニラっきょだれの汁気をよく切ってから肉の上にかけましょう。

パンチのあるたれがクセになる！

蒸し鶏の万能ニラっきょだれ

{ 材料 } 4人分

鶏むね肉 ························ 2枚
ニラ ···························· 1束
らっきょう ················ 10個

A
酒 ···················· 大さじ4
ショウガ（チューブ）
···························· 7cm
長ねぎの青い部分
（あれば）··········· 1本分
水 ···················· 400mℓ

ポン酢しょうゆ ····· 50mℓ
焼肉のたれ ······· 大さじ2
炒りごま（白）
···················· 大さじ1
B ニンニク（チューブ）・
ショウガ（チューブ）
···················· 各7cm

赤唐辛子（輪切り）
···························· 適宜

{ 作り方 }

1 ニラとらっきょうはみじん切りにする。

2 炊飯器に鶏肉、**A**を入れ、通常モードで炊き、**保存容器（大）に入れて保存する。**

3 保存容器（小）に、ニラ、らっきょう、**B**を入れてニラっきょだれを作り、**保存容器ごと保存する。**

4 食べるときに**2**をスライスして皿に盛り、**3**をかけ、お好みで赤唐辛子を散らす。

豚肉とエリンギのケチャップソース

{ 材料 } 4人分

豚こま切れ肉 300g
エリンギ 1パック
玉ねぎ 1/2個

A
塩・こしょう … 各小さじ1/4
片栗粉 大さじ2

B
トマトケチャップ・中濃ソ
　ース 各大さじ5
砂糖・コンソメ（顆粒）
　................... 各小さじ1
バジル 10ふり
ニンニク（チューブ）…… 5cm

パセリ・コーヒーフレッシュ
.... 各適宜

{ 作り方 }

1 エリンギ、玉ねぎは薄切りにする。

2 耐熱性の保存容器に、豚肉を入れてAをふりかけ、玉ねぎ、エリンギをのせて広げる。

3 Bをまわしかけ、ふんわりとラップをかけて、電子レンジで7分加熱する。

4 よく混ぜ、ラップをして30分おき、なじませたら**保存容器ごと保存する**。食べるときに、お好みでコーヒーフレッシュをかけ、パセリを散らす。

MEMO

・ごはんにかければ子ども大喜びのひと品です。

・加熱後、肉に火が通っていない場合は様子を見ながら追加で加熱をしてください。

DATA

👛**1人分89円**

調理時間	15分
保存期間	冷蔵4日、冷凍14日
保存容器の種類	保存容器（特大）
温め時間	冷蔵600W5分、冷凍7分
お弁当	可（スープジャー）

DATA

👛 1人分 **95**円

調理時間	15分（漬ける時間は除く）
保存期間	冷蔵4日、冷凍14日
保存容器の種類	保存容器（特大）
温め時間	冷蔵600W5分、冷凍7分 30秒
お弁当	可

甘酢だれでさっぱり！

鶏肉となすの甘酢ごまだれ

{ 材料 } 4人分

鶏もも肉	1枚
なす	3本
ピーマン	2個
A しょうゆ・酢・砂糖・酒	各大さじ2
ショウガ（チューブ）	5cm
片栗粉	大さじ1
炒りごま（白）	大さじ2

{ 作り方 }

1 鶏肉はひと口大に、なす、ピーマンは乱切りにする。

2 耐熱性の保存容器に、鶏肉、**A**を入れて混ぜ、15分おく。

3 鶏肉の下に、なす、ピーマンを敷いて鶏肉に片栗粉をふり、ふんわりラップをかけて電子レンジで5分加熱する。いったん取り出して混ぜ合わせ、今度はラップをかけずに2分加熱する。

4 炒りごまを加えてよく混ぜ、**保存容器ごと保存する**。

103

DATA

👛 1人分 **139**円

調理時間	5分（下味冷凍時間を除く）
保存期間	冷蔵NG、冷凍14日
保存容器の種類	クッキングシート
お弁当	可

下味冷凍でおいしさアップ！

鮭のコーンじゃがバター包み蒸し

{ 材料 } 4人分

鮭 ························· 4切れ
じゃがいも ··············· 1個
冷凍いんげん ············· 8本
コーン缶 ········· 1/2缶（60g）
A ｜ マヨネーズ・みそ
　　 ············· 各大さじ2
バター ···················· 20g

{ 作り方 }

1　じゃがいもは5cm長さのせん切りにし、水に5分浸して水気を切る。クッキングシートは30×30cmに4枚カットする。

2　Aを合わせ、クッキングシートに1/4量ずつ、じゃがいも、鮭、いんげん、コーン、A、バターの順にのせて包み、**トレーなどにのせて冷凍保存する。**

3　冷凍のまま1つずつ耐熱皿にのせ、電子レンジで5分加熱する。

DATA

👛 1人分 **67**円

調理時間	5分（浸水時間は除く）
保存期間	冷蔵5日、冷凍14日
保存容器の種類	保存容器（小）
温め時間	冷蔵の場合温め不要、冷凍の場合は600W6分
お弁当	可

ごはんのお供に♪

ひじきとツナの佃煮風

{ 材料 } 4人分

ツナ缶（油漬け）
.... 1缶（70g）
乾燥ひじき 20g
油揚げ 1枚
しいたけ 2個
A {
めんつゆ（3倍濃縮）
.... 大さじ2
砂糖・水 各大さじ1
}

{ 作り方 }

1 乾燥ひじきは袋の表示時間通りに水で戻し、水気を切る。油揚げとしいたけは粗めのみじん切りにする。

2 耐熱性の保存容器にひじき、しいたけ、油揚げ、ツナ（油ごと）、Aを入れてラップをかけ、電子レンジで4分加熱する。

3 よく混ぜて再度ラップをかけ、30分おいてなじませ、**保存容器ごと保存する**。

MEMO

油揚げとしいたけでカサ増しすれば、ボリューム満点の副菜に。ごはんと混ぜて混ぜごはん風にして食べるのもおすすめです。

105

DATA

💰 1人分**49円**

調理時間	5分
保存期間	冷蔵5日、冷凍14日
保存容器の種類	保存容器（小）
温め時間	冷蔵の場合温め不要、冷凍の場合は前日に自然解凍
お弁当	可

食卓の彩りにも♪

パプリカとしめじのハニーマリネ

{ 材料 } 4人分

パプリカ（赤）	1/2個
パプリカ（黄）	1個
しめじ	1パック
A	コンソメ（顆粒）・オリーブ油・レモン汁・はちみつ ……… 各大さじ1
パセリ	適宜

{ 作り方 }

1 パプリカは種とワタを取って乱切りにし、しめじは石突きを切り落として小分けにする。

2 耐熱性の保存容器に、パプリカ、しめじの順に入れ、ラップをかけて電子レンジで2分30秒加熱する。

3 ラップをずらして水分を抜き、Aを加えて混ぜ合わせ、**保存容器ごと保存する**。食べるときにお好みでパセリを散らす。

MEMO

お弁当に入れるときは、ペーパータオルなどで水分を拭き取ってから入れましょう。

106

無限塩だれ小松菜

{ 材料 } 4人分

小松菜	1袋
長ねぎ	1本

A
- ごま油・炒りごま（白）… 各大さじ1
- 鶏がらスープの素（顆粒）、しょうゆ、
- レモン汁 …… 各小さじ1
- 塩・粗びき黒こしょう… 各小さじ1/2
- ニンニク（チューブ） …… 5cm

{ 作り方 }

1 小松菜は3cm長さに切り、長ねぎは5cm長さのせん切りにする。

2 耐熱性の保存容器に小松菜、長ねぎの順に入れ、ふんわりラップをかけて、電子レンジで3分加熱する。

3 ペーパータオルで水分を拭き取り、**A**を加えて混ぜ、**保存容器ごと保存する。**

DATA

💰 **1人分33円**

調理時間	5分
保存期間	冷蔵4日、冷凍14日
保存容器の種類	保存容器（大）
温め時間	冷蔵の場合温め不要、冷凍の場合は前日に自然解凍
お弁当	可

MEMO

電子レンジで加熱後は、水分が多めに出るので、しっかり拭き取りましょう。作りおきに水分は大敵です。お好みでラー油をかけても美味しいですよ！

DATA

💰 **1人分46円**

調理時間	5分
保存期間	冷蔵7日、冷凍NG
保存容器の種類	ポリ袋
温め時間	温め不要
お弁当	可

お弁当にも使える！

きゅうりとミニトマトの塩こうじマリネ

{ 材料 } 4人分

きゅうり	2本
ミニトマト	10個
塩こうじ	大さじ2
酢・ごま油	各大さじ1

{ 作り方 }

1 きゅうりの上下に箸を置き、細かい切り込みを入れてひと口サイズに切る。ミニトマトは十字に切り込みを入れる。

2 ポリ袋にすべての材料を入れてよくもみ込み、**ポリ袋ごと保存する。**

MEMO

一般的な蛇腹切りは、きゅうりの両面に切り込みを入れますが、私は片面のみ切り込みを入れることで、調理の手間をカットしています！

めんつゆ×粒マスタードが◎

にんじんとちくわの和マスタードサラダ

【 材料 】4人分

にんじん ………………………… 1本
ちくわ …………………………… 4本
A｜粒マスタード・めんつゆ（3倍濃縮）・トマトケチャップ・酢 ……… 各大さじ1
パセリ …………………………… 適宜

【 作り方 】

1 にんじんはスライサーで5㎝長さのせん切りに、ちくわは斜め薄切りにする。

2 ポリ袋に1とAを入れて混ぜ合わせ、**ポリ袋ごと保存する**。食べるときにお好みでパセリを散らす。

DATA

👛1人分**22円**

調理時間	5分
保存期間	冷蔵5日、冷凍14日
保存容器の種類	ポリ袋
温め時間	冷蔵の場合温め不要、冷凍の場合は前日に自然解凍
お弁当	可

MEMO

食物繊維、鉄分、ミネラルといった女性にうれしい栄養素たっぷりのサラダ。梅のクエン酸で疲労回復効果も期待できます。

女性にうれしい栄養たっぷり！

キャベツと大根の梅塩昆布和え

【 材料 】4人分

キャベツ ………………………… 1/4個
大根 ……………………………… 1/6本
大葉 ……………………………… 7枚
梅干し …………………………… 2個
塩昆布 …………………………… 大さじ2
ごま油・炒りごま（白） ……………………… 各大さじ1

【 作り方 】

1 キャベツは食べやすい大きさに手でちぎり、大根と大葉は5㎝長さのせん切りにする。梅干しは種を取ってたたく。

2 ポリ袋に、すべての材料を入れて混ぜ合わせ、**ポリ袋ごと保存する**。

DATA

👛1人分**35**円

調理時間	5分
保存期間	冷蔵5日、冷凍NG
保存容器の種類	ポリ袋
温め時間	温め不要
お弁当	可

7

week

1週間3273円

1日分の野菜の
半分がとれる
おかず献立

1週間3273円
1日分の野菜の半分がとれるおかず献立

menu

- チキン南蛮風野菜タルタルソース
- むね肉で絶品鶏チリ
- 野菜入りカレーナゲット
- レンチンでサバのみそ煮
- ほったらかし五目煮
- 白菜とベーコンの豆乳チャウダー風
- 大根の皮ときゅうりのパリパリツナサラダ
- もやしとピーマンのオイラー油和え
- にんじんとちくわのごま和え
- ブロッコリーと卵のデリ風ツナサラダ
- なすのしん焼き
- ほうれん草のお浸し

使用する容器

- 特大（1200～1500㎖）×5個
- 大（800～900㎖）×2個
- 中（600～700㎖）×2個
- 小（250～500㎖）×1個
- ポリ袋（25×35cm）×2袋
- 炊飯器または鍋×1台

野菜不足を感じている方にお試しいただきたい1週間献立です。家族の健康のためにもぜひお試しください。

1week 買い物リスト

食材	分量	価格
キャベツ	1/4個	32円
白菜	1/8個	39円
ブロッコリー	1房	128円
もやし	1袋	19円
大根の皮	1本分	計算外
ほうれん草	1袋	78円
長ねぎ	2本	106円
きゅうり	1本	37円
なす	1袋(5本)	180円
ピーマン	3個	59円
パプリカ(赤)	1個	78円
冷凍いんげん	15本	60円
ごぼう	1本	88円
にんじん	3と1/2本	98円
玉ねぎ	2と1/2個	70円
しいたけ	4個	100円
サバ(半身)	4切れ	358円
鶏むね肉	2枚	348円
鶏もも肉	1枚	234円
鶏ささ身	8本	348円
鶏ひき肉	250g	220円
厚切りベーコン	100g	120円
ちくわ	1袋(4本)	58円
ツナ缶(油漬け)	2缶(1缶70g)	140円
コーン缶	1/2缶(60g)	39円
厚揚げ	1枚(10×10cm)	39円
大豆水煮	1袋(120g)	88円
卵	4個	80円
こんにゃく	1/2袋(150g)	29円

代用品一覧表

◆チキン南蛮風野菜タルタルソース
鶏ささ身→鶏むね肉、鶏もも肉

◆むね肉で絶品鶏チリ
鶏むね肉→鶏もも肉、鶏ささ身

◆野菜入りカレーナゲット
鶏ひき肉→豚ひき肉

◆ほったらかし五目煮
ごぼう→れんこん
鶏もも肉→鶏むね肉、豚ロース肉
(とんかつ用)

◆白菜とベーコンの豆乳チャウダー風
白菜→キャベツ
冷凍いんげん→ピーマン、ブロッコリー

◆大根の皮ときゅうりのパリパリツナサラダ
大根の皮→大根
きゅうり→水菜、豆苗、キャベツ

◆もやしとピーマンのオイラー油和え
ピーマン→きゅうり、豆苗、キャベツ
赤パプリカ→にんじん

4人分合計 3,273円 → **1人分あたり なんと 818円**

常備食材・調味料リスト

- ●豆乳(牛乳でも可)
- ●しょうゆ
- ●砂糖
- ●酒
- ●酢
- ●塩
- ●こしょう
- ●サラダ油
- ●ごま油
- ●みそ
- ●マヨネーズ
- ●和風だしの素(顆粒)
- ●コンソメ(固形)
- ●粗びき黒こしょう
- ●片栗粉
- ●ニンニク(チューブ)
- ●ショウガ(チューブ)
- ●めんつゆ(3倍濃縮)
- ●鶏がらスープの素(顆粒)
- ●炒りごま(白)
- ●すりごま(白)
- ●カレー粉
- ●トマトケチャップ
- ●豆板醤
- ●レモン汁
- ●バター
- ●オイスターソース
- ●ラー油
- ●かつお節

※お好みで、パセリ、大葉を買い足してください。

1週間献立カレンダー

Saturday・Sunday 土・日	Monday 月	Tuesday 火
買い出し & 仕込み	主菜 チキン南蛮風野菜 タルタルソース 副菜 ブロッコリーと卵のデリ風 ツナサラダ 副菜 大根の皮ときゅうりの パリパリツナサラダ（半量）	主菜 ほったらかし五目煮 副菜 なすのしん焼き（半量） 副菜 もやしとピーマンの オイラー油和え（半量）

野菜がたっぷりとれる1週間献立。たねに野菜を練り込んだり、ソースに野菜を加えたりなど、野菜が苦手な人でもおいしく食べられるレシピが満載です。

Wednesday 水	Thursday 木	Friday 金
主菜  むね肉で絶品鶏チリ	主菜  レンチンでサバのみそ煮	主菜  野菜入りカレーナゲット
汁物  白菜とベーコンの 豆乳チャウダー風	副菜  なすのしん焼き（半量）	副菜  にんじんとちくわのごま和え
	副菜 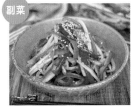 もやしとピーマンの オイラー油和え（半量）	副菜  大根の皮ときゅうりのパリ パリツナサラダ（半量）
	副菜  ほうれん草のお浸し （半量）	副菜  ほうれん草のお浸し （半量）

知らずに野菜がたっぷりとれる！

チキン南蛮風
野菜タルタルソース

{ 材料 } 4人分

鶏ささ身	8本
キャベツ	1/8個
玉ねぎ	1個
塩・こしょう	各小さじ1/2
片栗粉	大さじ4
A 砂糖・しょうゆ・酢	各大さじ3
B マヨネーズ・豆乳 (または牛乳)	各大さじ2
砂糖・レモン汁	各大さじ1
サラダ油	大さじ3
パセリ	適宜

{ 作り方 }

1 鶏ささ身は、気になるなら筋を取り、包丁の背でたたき伸ばす。キャベツと玉ねぎはすべてみじん切りにし、塩小さじ1/2 (分量外)でもんで5分おき、水気を絞る。

2 フライパンに鶏ささ身を入れ、塩・こしょうをふり、片栗粉をまぶす。

3 端からサラダ油を入れて中火で熱し、焼き色がつくまで焼き、裏返して火が通るまで焼く。

4 余分な油を拭き取り、**A**を加えてささ身にからめ、**保存容器 (特大)に入れて保存する。**

5 ポリ袋に**1**の野菜と**B**を入れてもみ込み、**ポリ袋ごと保存する。**

6 食べるときに**4**を皿に盛り、**5**をかける。お好みでパセリを散らす。

DATA

💰 **1人分98円**

調理時間	25分
保存期間	冷蔵3日、冷凍14日 (タルタルソースは冷凍NG)
保存容器の種類	保存容器 (特大)＋ポリ袋
温め時間	冷蔵600W5分、冷凍7分
お弁当	可

MEMO

・タルタルソースに野菜を混ぜ込めば、野菜が苦手な人でも食べやすいのでおすすめ。

・野菜は塩もみをすることで、時間が経っても水っぽくならず、おいしく作ることができます。

・野菜嫌いのお子さんも知らぬうちに食べてくれるかもしれないので、ぜひお試しください♪

DATA

👛 1人分 **100円**

調理時間	20分
保存期間	冷蔵3日、冷凍14日
保存容器の種類	保存容器（特大）
温め時間	冷蔵600W5分、冷凍8分
お弁当	可

よりおいしく簡単に改良を重ねた自信作！

むね肉で絶品鶏チリ

{ 材料 } 4人分

鶏むね肉 ………… 2枚
長ねぎ ……………… 1本
　┌ ショウガ・ニンニク
　│ （チューブ）
A │ ………… 各5cm
　│ 砂糖 ……… 小さじ1
　└
片栗粉 ……… 大さじ6

トマトケチャップ
　……… 大さじ4
砂糖・酢・鶏がらス
ープの素（顆粒）
　┐
B │ …… 各大さじ1
　│ 豆板醤 …… 小さじ1
　└ 水 …………… 70㎖
サラダ油 …… 大さじ2

{ 作り方 }

1　鶏肉はひと口大のそぎ切りにし、包丁の背でたたく。長ねぎは青い部分も含めてみじん切りにする。

2　フライパンに、鶏肉、Aを入れてもみ込み15分おき、片栗粉を入れてまぶす。a

3　2にサラダ油を端からひいて中火で熱し、まわりが白くなってきたら裏返して、長ねぎを加え、フタをして弱火で5分蒸し焼きにする。

4　いったん火を止めて鶏肉を端によせて調味料スペースを作り、Bを混ぜ合わせて加え、再び中火にかけて調味料をからめながら炒め合わせ、**保存容器に入れて保存する。**

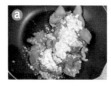

こねる、成形、揚げるが
フライパン1つで完結！

野菜入りカレーナゲット

{ 材料 } 4人分

鶏ひき肉 ················· 250g
厚揚げ … 1枚（10×10cm）
玉ねぎ ······················ 1個
キャベツ ················ 1/8個
卵 ······························ 1個
片栗粉・マヨネーズ
···················· 各大さじ3

酒・カレー粉 …… 各大さじ1
塩・粗びき黒こしょう
················· 各小さじ1/2
ニンニク（チューブ）
···························· 7cm
サラダ油 ················· 適量

{ 作り方 }

1 玉ねぎとキャベツはみじん切りにする。

2 フライパンに、サラダ油以外のすべての材料を入れてしっかりとこね、ナゲットの形に成形する。

3 端からサラダ油を深さ1cmほど入れて中火で熱し、こんがり焼き色がつくまで触らず揚げ焼きし、裏返して同じように火が通るまで揚げ焼きする。**保存容器に入れて保存する。**

DATA

👛**1人分81円**

調理時間	25分
保存期間	冷蔵4日、冷凍14日
保存容器の種類	保存容器（特大）
温め時間	冷蔵600W5分、冷凍7分、その後トースターで5分焼く
お弁当	可

MEMO

・我が家の娘は、パサパサなのが苦手。でもこれは、ふわふわしていてカレー風味がとてもおいしいとお気に入りのひと品。

・カレー粉を抜いて、プレーンナゲットにしてもOK。

・カレー粉を大さじ1/2入れてプレーンとカレー味とハーフ＆ハーフにするのもおすすめ。

DATA

👛 1人分**103**円

調理時間	20分
保存期間	冷蔵4日、冷凍14日
保存容器の種類	保存容器（特大）
温め時間	冷蔵600W5分、冷凍の場合前日に自然解凍し、食べるときに600W5分
お弁当	可

すりごまでコクがアップ！

レンチンでサバのみそ煮

{ 材料 } 4人分

サバ（半身） 4切れ
長ねぎ 1本

A｛
みそ・めんつゆ（3倍濃縮）・
　砂糖・すりごま（白）
　.......... 各大さじ1と1/2
ショウガ（チューブ）
　................................. 7cm
水 70mℓ

{ 作り方 }

1 サバは半分に切り、長ねぎは斜めに切り込みを入れ、5cmのぶつ切りにする。

2 耐熱性の保存容器にAを入れて混ぜ合わせ、サバを一切れ一切れ浸しながら入れ、長ねぎをのせてふんわりラップをかけ、電子レンジで4分加熱する。🅐

3 サバを裏返し、今後はラップをかけずに3分加熱し、保存容器ごと保存する。

スイッチを押すだけで完成！

ほったらかし五目煮

{ 材料 } 4人分

鶏もも肉 ……………………………… 1枚
ごぼう …………………………………… 1本
にんじん ………………………………… 1本
しいたけ ………………………………… 4個
こんにゃく ………………… 1/2袋（150g）
大豆水煮 …………………… 1袋（120g）
めんつゆ（3倍濃縮）・水 ……… 各50mℓ
砂糖 ……………………………… 大さじ2

{ 作り方 }

1 大豆の水煮以外の食材は、すべて1cmの角切りにする。ごぼうは酢水（分量外）に5分浸して水気を切る。

2 炊飯器にすべての材料を入れて混ぜ合わせ、通常モードで炊き、30分保温する。**保存容器に入れて保存する。**

DATA

💰**1人分142円**

調理時間	15分（炊飯時間は除く）
保存期間	冷蔵4日、冷凍14日（冷凍する場合はこんにゃくは取り除く）
保存容器の種類	保存容器（特大）
温め時間	冷蔵600W5分、冷凍8分
お弁当	可

DATA

👛 1人分 **75円**

調理時間	10分（炊飯時間は除く）
保存期間	冷蔵3日、冷凍NG
保存容器の種類	炊飯器釜or鍋
温め時間	炊飯器の再加熱ボタン or コンロで温める
お弁当	可（スープジャー）

野菜たっぷりで体にやさしい

白菜とベーコンの豆乳チャウダー風

{ 材料 } 4人分

厚切りベーコン ····· 100g
白菜 ····················· 1/8個
玉ねぎ ················ 1/2個
にんじん ················· 1本
冷凍いんげん ······· 15本
コーン缶 ··· 1/2缶（60g）

A｜ コンソメ（固形）··· 3個
　｜ 水 ················· 800㎖

B｜ 豆乳（または牛乳）
　｜ ····················· 300㎖
　｜ バター ··············· 20g
　｜ 塩・こしょう ··· 各適量

パセリ ····················· 適宜

{ 作り方 }

1 白菜、玉ねぎ、にんじん、ベーコンは1㎝の角切りにする。冷凍いんげんは短く折る。

2 炊飯器に、白菜、玉ねぎ、にんじん、ベーコン、Aを入れ、通常モードで炊く。 ⓐ

3 2に冷凍いんげん、コーン、Bを加えて混ぜ合わせ、30分ほど保温する。**炊飯器または鍋に入れて保存する。** 食べるときにお好みでパセリを散らす。

大根の皮をムダなく活用♪

大根の皮ときゅうりのパリパリツナサラダ

{ 材料 } 4人分

大根の皮 ………………………… 1本分
きゅうり ……………………………… 1本
ツナ缶（油漬け）……… 1缶（70g）

A | 炒りごま（白）・鶏がらスープ
　 の素（顆粒）・しょうゆ
　 ………………………各大さじ1
　 砂糖 ………………………… 小さじ1

{ 作り方 }

1 大根の皮は厚めに2mmほどむき、5cm
長さのせん切りにし、きゅうりも5cm
長さのせん切りにする。

2 ポリ袋に大根の皮、きゅうり、塩小さ
じ1（分量外）を入れてもみ、10分お
いて水気を絞る。

3 ツナ（油ごと）と**A**を加え、混ぜ合わ
せ、**ポリ袋ごと保存する。**

DATA

💰1人分 **27**円

調理時間	5分（塩もみの時間を除く）
保存期間	冷蔵5日、冷凍NG
保存容器の種類	ポリ袋
温め時間	温め不要
お弁当	可

DATA

👛 1人分 **39**円

調理時間	5分
保存期間	冷蔵5日、冷凍NG
保存容器の種類	保存容器（大）
温め時間	温め不要
お弁当	可

ごま油とラー油が香る

もやしとピーマンのオイラー油和え

{ 材料 } 4人分

もやし ………………… 1袋
ピーマン ……………… 3個
パプリカ（赤）………… 1個
A ┌ 鶏がらスープの素（顆
　│ 粒）・オイスターソー
　│ ス …… 各大さじ1
　│ ニンニク（チューブ）
　│ ………………… 3cm
　└ ごま油・ラー油
　　 ………… 各小さじ1
炒りごま（白）………… 適宜

{ 作り方 }

1 ピーマンと赤パプリカは、種と
ワタを取り、せん切りにする。

2 耐熱性の保存容器にもやし、ピ
ーマン、赤パプリカを入れ、ふ
んわりラップをかけて600Wの
電子レンジで3分加熱する。

3 ペーパータオルで水気を拭き
取り、Aを加えて混ぜ合わせ、
保存容器ごと保存する。食べる
ときにお好みで炒りごまを散ら
す。

MEMO

辛党の方はラー油を増
やし、反対に辛いのが
苦手な人はラー油を減
らしてごま油を増やし
てもおいしく食べられ
ます。

にんじんとちくわのごま和え

｛ 材料 ｝ 4人分

にんじん ……………………… 1と1/2本
ちくわ ………………………………… 4本

A
サラダ油 …………………… 大さじ1
塩・こしょう ……………… 各少々
砂糖・しょうゆ ……… 各大さじ1

B
すりごま（白）…………… 大さじ2
和風だしの素（顆粒）… 小さじ1

炒りごま（白）……………………… 適宜

｛ 作り方 ｝

1 にんじんは5cm長さのせん切り、ちくわは斜め切りにする。

2 耐熱性の保存容器に、にんじんを入れて**A**をまわしかけ、ふんわりラップをかけて電子レンジで5分加熱する。

3 ちくわ、**B**を加えて混ぜ合わせ、**保存容器ごと保存する**。食べるときにお好みで炒りごまを散らす。

DATA

👛 **1人分 25円**

調理時間	10分
保存期間	冷蔵5日、冷凍14日
保存容器の種類	保存容器（大）
温め時間	冷蔵の場合温め不要、冷凍の場合は前日に自然解凍
お弁当	可

ブロッコリーと卵のデリ風ツナサラダ

MEMO
茎つきのブロッコリーなら、茎も使ってOK！硬いときはピーラーで皮をむいてから拍子切りにしましょう。

｛ 材料 ｝ 4人分

ブロッコリー ……………………… 1房
半熟ゆで卵 ………………………… 3個
ツナ缶（油漬け）………… 1缶（70g）

A
マヨネーズ ………………… 大さじ3
かつお節 ………… 小1袋（2.5～3g）
砂糖・しょうゆ・和風だしの素
（顆粒）…………… 各小さじ1
粗びき黒こしょう ……… 小さじ1/2

｛ 作り方 ｝

1 ブロッコリーは小房に分け、塩小さじ1/2（分量外）を入れて沸騰した鍋に入れて2分ゆで、ザルに上げて水気をしっかり切る。

2 ボウルに、ブロッコリー、ツナ（油ごと）、**A**を入れて混ぜ合わせる。半熟ゆで卵は殻をむき、手で割って加えてざっくり混ぜ、**保存容器に入れて保存する**。

DATA

👛 **1人分 65円**

調理時間	15分
保存期間	冷蔵3日、冷凍14日
保存容器の種類	保存容器（大）
温め時間	冷蔵の場合は温め不要、冷凍の場合は前日に自然解凍
お弁当	不可

ほっこり癒されるやさしい味わい

なすのしん焼き

{ 材料 } 4人分

なす	5個
A めんつゆ（3倍濃縮）	大さじ2
みそ	小さじ1
砂糖	大さじ1
ごま油	大さじ1
大葉	適宜

{ 作り方 }

1 なすは2cm厚さの斜め切りにし、水に5分浸してアクを抜き、水気を切る。

2 フライパンにごま油をひいて中火で熱し、なすを入れ、油がまわったら4分ほどほんのり焼き色がつくまで焼き、フタをして弱火で5分蒸し焼きにする。

3 Aを加えて煮からめ、**保存容器に入れて保存する。**食べるときにお好みでせん切りにした大葉をのせる。

DATA

👛**1人分45円**

調理時間	15分
保存期間	冷蔵4日、冷凍14日
保存容器の種類	保存容器（中）
温め時間	冷蔵の場合温め不要、冷凍の場合は600W6分
お弁当	可

大定番副菜を作りおき♪

ほうれん草のお浸し

{ 材料 } 4人分

ほうれん草	1袋
かつお節	小1袋（2.5〜3g）
しょうゆ	適量

{ 作り方 }

1 沸騰した鍋に、塩小さじ1/2（分量外）、ほうれん草を根元から入れて1分ゆでる。

2 根元を押しつぶし、柔らかければ、流水に浸して水気をしっかり絞り、3〜4cm長さに切って**保存容器に入れて保存する。**食べるときにかつお節をのせ、しょうゆをかける。

DATA

👛**1人分20円**

調理時間	5分
保存期間	冷蔵4日、冷凍14日
保存容器の種類	保存容器（小）
温め時間	冷蔵の場合温め不要、冷凍の場合は前日に自然解凍
お弁当	可

8 week

1週間2777円

調味料1:1:1
レシピ献立

1週間2777円
調味料1:1:1レシピ献立

使用する容器

- 特大（1200 ～ 1500mℓ）× 5個
- 大（800 ～ 900mℓ）× 2個
- ポリ袋（25 × 35cm）× 4袋

調味料が、すべて同じ分量で作れるレシピ！分量が同じだと覚えやすいので、慣れてくれば本を見なくても作れるようになりますよ♪

1week 買い物リスト

代用品一覧表

◆シャキシャキもやしみそつくね
豚ひき肉→鶏ひき肉

◆むね肉 de マヨ照り焼き
鶏むね肉→鶏ささ身、鶏もも肉

◆ささ身 de タンドリーチキン
鶏ささ身→鶏むね肉、鶏もも肉

◆小松菜と油揚げの旨みマヨ和え
小松菜→ほうれん草、チンゲン菜

◆にんじんとしめじのデリ風サラダ
しめじ→しいたけ、えのき、エリンギ

◆大根ときゅうりの香味めんつゆ漬け
大根→かぶ
きゅうり→豆苗、水菜

◆キャベツと豆苗の和風ごまサラダ
キャベツ→水菜、レタス
豆苗→きゅうり、レンチンしたピーマン

食材	分量	価格
キャベツ	1/4個	32円
ブロッコリー	1房	128円
もやし	1袋	19円
大根	1/6本	22円
小松菜	1袋	78円
豆苗	1袋	78円
きゅうり	2本	74円
パプリカ(赤)	1/2個	39円
ごぼう	1本	88円
れんこん	1/2節	149円
にんじん	2と1/2本	70円
玉ねぎ	2個	56円
しめじ	1パック	78円
しいたけ	4個	100円
豚こま切れ肉	400g	352円
鶏むね肉	2枚	348円
鶏もも肉	1枚	234円
鶏ささ身	8本	348円
豚ひき肉	300g	264円
ハム	3枚	59円
ツナ缶(油漬け)	1缶(70g)	70円
コーン缶	1/2缶(60g)	39円
油揚げ	2枚	23円
こんにゃく	1/2袋(150g)	29円

4人分合計 2,777円 → **1人分あたり なんと** 694円

常備食材・調味料リスト

- プレーンヨーグルト
- しょうゆ
- 砂糖
- 酒
- 酢
- みりん
- 塩
- こしょう
- サラダ油
- オリーブ油
- ごま油
- みそ
- マヨネーズ
- コンソメ(顆粒)
- 粗びき黒こしょう
- めんつゆ(3倍濃縮)
- 鶏がらスープの素(顆粒)
- 片栗粉
- 炒りごま(白)
- すりごま(白)
- トマトケチャップ
- 中濃ソース
- ポン酢しょうゆ
- 塩こうじ
- レモン汁
- はちみつ
- 焼肉のたれ
- 粒マスタード
- カレー粉
- 和風ドレッシング
- オイスターソース

※お好みで、パセリを買い足してください。

1週間献立カレンダー

Saturday·Sunday 土・日	Monday 月	Tuesday 火
買い出し & 仕込み	主菜 シャキシャキ もやしみそつくね	主菜 むね肉 de マヨ照り焼き
	副菜 小松菜と油揚げの旨み マヨ和え(半量)	副菜 ブロッコリーとツナの 無限中華和え
	副菜 にんじんとしめじのデリ風 サラダ(半量)	副菜 玉ねぎとパプリカの 塩こうじマリネ(半量)

すべて塩・こしょう以外の調味料が同量で作れるので作りやすい♪
調味料の数も少なめなので、自宅にある調味料で手軽に作ることができます。

Wednesday 水	Thursday 木	Friday 金
 絶品オニオンポーク ケチャップ	 ほったらかし筑前煮	 ささ身 de タンドリーチキン
 小松菜と油揚げの旨み マヨ和え（半量）	 大根ときゅうりの 香味めんつゆ漬け	 キャベツと豆苗の和風 ごまサラダ（半量）
 キャベツと豆苗の 和風ごまサラダ（半量）	 にんじんとしめじの デリ風サラダ（半量）	 玉ねぎとパプリカの 塩こうじマリネ（半量）

DATA

👛 **1人分71円**

調理時間	25分
保存期間	冷蔵3日、冷凍14日
保存容器の種類	保存容器（特大）
温め時間	冷蔵600W5分、冷凍7分
お弁当	可

甘いみそ味ががクセになる

シャキシャキもやしみそつくね

{ 材料 } 4人分

豚ひき肉 ‥‥‥‥‥‥‥ 300g
もやし ‥‥‥‥‥‥‥‥ 1袋
片栗粉 ‥‥‥‥‥‥ 大さじ2
A しょうゆ・みそ・酒・
　 はちみつ
　 …各大さじ1と1/2
サラダ油 ‥‥‥‥‥ 大さじ1
炒りごま（白）‥‥‥‥ 適宜

a

{ 作り方 }

1 ポリ袋にもやしを入れ、1〜2cmの長さに折り、ペーパータオルで水気を拭き取ってから片栗粉を加えてまぶす。
ⓐ

2 フライパンにひき肉、Aを入れてこね、1を加えて再度こね、12等分して丸く成形する。

3 端からサラダ油を入れて中火にかけ、焼き色がつくまで焼き、裏返してフタをし、弱火で5分蒸し焼きにする。保存容器に入れて保存し、食べるときにお好みで炒りごまを散らす。

MEMO

・ポリ袋で調理し、フライパンでタネをこねることで洗い物が大幅減！

・タネに調味料を練り込んであるので、食べるときにソースをかける必要がないところも便利。

👛 **1人分87円**

調理時間	20分
保存期間	冷蔵3日、冷凍14日
保存容器の種類	保存容器（特大）
温め時間	冷蔵600W5分、冷凍8分
お弁当	可

片栗粉&マヨネーズでむね肉しっとり

むね肉deマヨ照り焼き

{ 材料 } 4人分

鶏むね肉 ……………………… 2枚
塩・こしょう … 各小さじ1/2
片栗粉 ………………… 大さじ4
A | めんつゆ（3倍濃縮）・マヨ
   ネーズ …… 各大さじ3
サラダ油 ……………… 大さじ2

{ 作り方 }

1 鶏肉はそぎ切りにし、包丁の背でたたく。

2 フライパンに、鶏肉を入れて塩・こしょうをふり、片栗粉をまぶす。

3 端からサラダ油を入れて中火にかけ、まわりが白く焼けてきたら裏返してこんがり火が通るまで5分ほど焼く。

4 いっかん火を止めて鶏肉を端に寄せて調味料スペースを作り、Aを混ぜ合わせ、再び中火にかけて調味料をからめながら2分ほど焼く。保存容器に入れて保存する。

・フライパンで塩・こしょう、片栗粉をまぶすことで洗い物を減らしています。

・フライパンの上で調味料を合わせることで、あらかじめ合わせる手間をカットしました。

ごはんが進む主役おかず♪

絶品オニオンポークケチャップ

{ 材料 } 4人分

豚こま切れ肉 400g
玉ねぎ 1個
塩・こしょう ... 各小さじ1/4
片栗粉 大さじ2
A｜ トマトケチャップ・中濃
　　ソース・しょうゆ・酢
　　...... 各大さじ1と1/2
サラダ油 大さじ2
粗びき黒こしょう ... 小さじ1

{ 作り方 }

1 玉ねぎは半分すりおろし、残りはくし形切りにする。

2 フライパンに豚肉を入れて塩・こしょうをふり、片栗粉をまぶす。端からサラダ油を入れて中火で熱し、半分ほど火が通ったら、玉ねぎを入れて火が通るまで炒め合わせる。

3 いったん火を止めて2を端に寄せて調味料スペースを作り、Aを加えて混ぜ合わせてから3分ほど炒め合わせる。**保存容器に入れて保存**し、食べるときに粗びき黒こしょうをふる。

DATA

👛**1人分95円**

調理時間	20分
保存期間	冷蔵3日、冷凍14日
保存容器の種類	保存容器（特大）
温め時間	冷蔵600W5分、冷凍6分30秒
お弁当	可

DATA

💰 1人分**87**円

調理時間	30分（漬ける時間を除く）
保存期間	冷蔵3日、冷凍14日
保存容器の種類	保存容器（特大）
温め時間	冷蔵600W5分、冷凍6分30秒
お弁当	可

火を使わずできる！

さ さ 身deタンドリーチキン

{ 材料 } 4人分

鶏ささ身 8本

A トマトケチャップ・カレー粉・コンソメ（顆粒）・プレーンヨーグルト・オリーブ油 ... 各大さじ1と1/2

パセリ・粗びき黒こしょう .... 各適宜

{ 作り方 }

1 鶏ささ身は、気になるなら筋を取り、包丁の背でたたき半分に切る。

2 耐熱性の保存容器に**A**を入れて混ぜ合わせ、鶏ささ身を入れて1枚1枚くぐらせ、1時間ほどおく。一晩おくとさらによい。

ⓐ

3 1000Wのトースターで保存容器ごと10分焼き、裏返してもう10分焼く。**保存容器ごと保存**し、食べるときにお好みでパセリを散らし、粗びき黒こしょうをふる。

MEMO

・工程2の段階で冷凍用保存袋に下味冷凍しておき、自然解凍して耐熱容器で調理することもできます。

・220℃のオーブンで（予熱なし）20分焼いてもOK！火が通ってない時は調節してください。

DATA

👛 **1人分157円**

調理時間	10分（炊飯時間は除く）
保存期間	冷蔵4日、冷凍14日（冷凍する場合はこんにゃくを取り除く）
保存容器の種類	保存容器（特大）
温め時間	冷蔵600W6分、冷凍8分
お弁当	可

味が染みてふっくらおいしい

ほったらかし筑前煮

{ 材料 } 4人分

鶏もも肉	1枚
ごぼう	1本
れんこん	1/2節
にんじん	1本
しいたけ	4枚

こんにゃく	1/2袋（150g）
しょうゆ・砂糖・みりん・酒	各大さじ2
水	100㎖

{ 作り方 }

1 鶏肉は2cm角に切る。ごぼう、れんこん、にんじん、しいたけは乱切り、こんにゃくは同じ大きさに手でちぎる。

2 炊飯器に、すべての材料を入れて通常モードで炊く。30分ほど保温してなじませ、**保存容器に入れて保存する。**

134

DATA

💰 1人分 **35円**

調理時間 10分
保存期間 冷蔵4日、冷凍14日
保存容器の種類 保存容器（大）
温め時間 冷蔵の場合温め不要、
冷凍の場合は前日に自然解凍
お弁当 可

油揚げのパリパリ食感がポイント

小松菜と油揚げの旨みマヨ和え

{ 材料 } 4人分

小松菜 1袋
油揚げ 2枚
コーン缶 ... 1/2缶（60g）
A ｜ マヨネーズ・焼肉の
　　 たれ 各大さじ2
炒りごま（白）........ 適宜

{ 作り方 }

1. 小松菜は5cmのざく切りに、油揚げは短冊切りにして1000Wのトースターで7分焼く。

2. 耐熱性の保存容器に、小松菜を入れてふんわりラップをかけ、電子レンジで3分加熱し、流水にさらして水気を絞る。

3. 油揚げ、コーン、Aを加えて混ぜ合わせ、**保存容器ごと保存する**。食べるときにお好みで炒りごまを散らす。

MEMO

油揚げはトーストすることで、パリパリ食感に。小松菜のおかずは水分が後から出るので、それを吸い取る役割もあります。

DATA

👛 1人分 **30**円

調理時間	10分
保存期間	冷蔵4日、冷凍14日
保存容器の種類	保存容器（大）
温め時間	冷蔵の場合温め不要、冷凍の場合は前日に自然解凍
お弁当	可

献立の彩り担当！

にんじんとしめじの
デリ風サラダ

{ 材料 } 4人分

にんじん ……… 1と1/2本
しめじ ……………… 1パック

A ┌ マヨネーズ・粒マスタード・めんつゆ
　（3倍濃縮）
　………… 各大さじ1

パセリ ………………… 適宜

{ 作り方 }

1 にんじんは5cm長さのせん切りにし、しめじは石突きを切り落として小房に分ける。

2 耐熱性の保存容器に、にんじん、しめじを入れて、ふんわりラップをかけ、電子レンジで5分加熱する。

3 Aを入れて混ぜ合わせ、**保存容器ごと保存する**。食べるときにお好みでパセリを散らす。

MEMO

電子レンジで加熱後、水分が出ている場合はペーパータオルで拭き取りましょう。

パパッともうひと品！　おつまみにも♪

玉ねぎとパプリカの塩こうじマリネ

MEMO

玉ねぎの辛みが気にならない場合は、塩もみはしなくてもOKです。

{ 材料 } 4人分

玉ねぎ 1個
パプリカ（赤）............... 1/2個
ハム 3枚
A｜ 塩こうじ・レモン汁・オリーブ油 … 各大さじ1と1/2
パセリ .... 適宜

{ 作り方 }

1 玉ねぎは薄切りにし、塩小さじ1/2（分量外）でもんで10分おいて水気を絞る。赤パプリカは種とワタを取って薄切り、ハムは細切りにする。

2 ポリ袋に**1**と**A**を入れて混ぜ合わせ、**ポリ袋ごと保存する。**食べるときにお好みでパセリを散らす。

DATA

💰 **1人分32円**

調理時間	5分（塩もみ時間を除く）
保存期間	冷蔵5日、冷凍NG
保存容器の種類	ポリ袋
温め時間	温め不要
お弁当	可

時短ワザあり！

大根ときゅうりの香味めんつゆ漬け

{ 材料 } 4人分

きゅうり 2本
大根 1/6本
A｜酢・めんつゆ（3倍濃縮）・
　｜ごま油 各大さじ2
炒りごま（白）.............. 適宜

{ 作り方 }

1 きゅうりは2mm幅の輪切りにし、大根は皮つきのまま2mm幅のいちょう切りにする。

2 ポリ袋にきゅうり、大根を入れて塩小さじ1/2（分量外）でもんで、10分おいてから水気を絞る。

3 別のポリ袋に**2**、**A**を入れてもみ込み、30分おき、**ポリ袋ごと保存する**。食べるときに、お好みで炒りごまを散らす。

MEMO

味が染みるまで通常3時間ほどかかりますが、塩もみをすることで30分おけばおいしく召し上がることができます。

DATA

1人分24円

調理時間	5分（塩もみ時間は除く）
保存期間	冷蔵7日、冷凍NG
保存容器の種類	ポリ袋
温め時間	温め不要
お弁当	可

8 week

調味料1：1：1レシピ献立

お弁当の彩りにも！

ブロッコリーとツナの無限中華和え

{ 材料 } 4人分

ブロッコリー 1房
ツナ (油漬け) 1缶 (70g)

A 鶏がらスープの素 (顆粒)・オイスターソース・炒りごま (白)
.... 各大さじ1

{ 作り方 }

1 ブロッコリーは小房に分け、たっぷりの水と塩小さじ1/2 (分量外) を入れて沸騰させた鍋に入れて2分ゆでて、水気をしっかり切る。

2 ポリ袋に、ツナ (油ごと)、Aを入れて混ぜ合わせ、ブロッコリーを半量ずつ加えてそのつど混ぜ合わせ、**ポリ袋ごと保存する。**

DATA

💰1人分**50**円

調理時間	10分
保存期間	冷蔵4日、冷凍14日
保存容器の種類	ポリ袋
温め時間	冷蔵の場合温め不要、冷凍の場合前日に自然解凍
お弁当	可

付け合わせにピッタリ

キャベツと豆苗の和風ごまサラダ

MEMO

すぐ食べたい場合は、キャベツと豆苗を塩小さじ1/2 (分量外) で塩もみしてから調味料を混ぜ合わせましょう。

{ 材料 } 4人分

キャベツ 1/4個
豆苗 1袋
和風ドレッシング・ポン酢
しょうゆ・すりごま (白)
.... 各大さじ2

{ 作り方 }

1 キャベツはせん切り、豆苗は3〜4cmのざく切りにする。

2 ポリ袋に、すべての材料を入れて混ぜ合わせる。1時間ほどおいてなじんだら、**ポリ袋ごと保存する。**

DATA

💰1人分**28**円

調理時間	5分
保存期間	冷蔵5日、冷凍NG
保存容器の種類	ポリ袋
温め時間	温め不要
お弁当	可

139

食材価格リスト

本書で使用している食材の価格リストです。
お買い物に行く際の参考にしてください。

分類	食材	分量	価格（税別）
野菜	キャベツ	1個	128円
	レタス	1個	98円
	白菜	¼個	78円
	ブロッコリー	1房	128円
	もやし	1袋	19円
	小松菜	1袋	78円
	ほうれん草	1袋	78円
	チンゲン菜	1袋	78円
	水菜	1袋（3束）	78円
	豆苗	1袋	78円
	長ねぎ	3本	159円
	ニラ	1束	78円
	グリーンアスパラガス	1束	98円
	きゅうり	1本	37円
	なす	1袋（5本）	180円
	ピーマン	1袋（4個）	78円
	パプリカ（赤・黄）	1個	78円
	ズッキーニ	1本	78円
	トマト	1個	78円
	ミニトマト	10個	110円
	大葉	10枚	97円
	レモン	1個	116円
	ニンニク	1片	10円
	冷凍いんげん	10本	40円
根菜類	大根	1本	128円
	ごぼう	1本	88円
	れんこん	1節	298円
	かぼちゃ	1/4個	158円
	たけのこ水煮	1袋	178円
	にんじん	1本	28円
	玉ねぎ	1個	28円
	じゃがいも	1個	28円
	さつまいも	1本	78円
きのこ類	しめじ	1パック	78円
	しいたけ	1パック（8個）	200円
	えのきたけ	1袋	78円
	エリンギ	1パック	78円

※食材価格は、著者が購入したときの金額です（税抜）。物価や地域、シーズンによる価格差がありますので、おおよその目安としてお使いください。

分類	食材	分量	価格（税別）
魚・肉類	鮭	4切れ	458円
	サバ（半身）	4切れ	358円
	牛切り落とし肉	100g	228円
	豚バラ肉	100g	98円
	豚こま切れ肉	100g	88円
	鶏むね肉	1枚（300g）	174円
	鶏もも肉	1枚（300g）	234円
	鶏ささ身	8本	348円
	牛豚合いびき肉	100g	108円
	豚ひき肉	100g	88円
	鶏ひき肉	100g	88円
肉魚加工品	ハム	4枚	78円
	厚切りベーコン	100g	120円
	ちくわ	1袋（4本）	58円
	カニ風味かまぼこ	1パック	98円
	魚肉ソーセージ	1本	52円
缶詰類	ツナ缶（油漬け）	1缶（70g）	70円
	サバみそ缶	1缶（100g）	98円
	コーン缶	1缶（120g）	78円
大豆製品	木綿豆腐	1丁（300g）	58円
	油揚げ	1袋（5枚）	58円
	厚揚げ	2枚（10×10cm）	78円
	大豆水煮	1袋（120g）	88円
	ミックスビーンズ	1袋（70g）	98円
卵	卵	10個	200円
乾物類	切り干し大根	30g	35円
	乾燥ひじき	10g	68円
	春雨	100g	90円
	乾燥わかめ	5g	20円
その他	こんにゃく	1袋（300g）	58円
	しらたき	1袋（300g）	58円
	ピザ用スライスチーズ	1枚	20円
	クリームチーズ	50g	85円
	ミックスナッツ	40g	145円
	らっきょう	10個	78円
	梅干し	1個	10円

1週間献立決めシート

※コピーして使用しましょう。

	主菜	副菜	買い足すもの
Monday 月			•野菜
Tuesday 火			
Wednesday 水			
Thursday 木			•魚
Friday 金			•肉
Saturday 土			•その他
Sunday 日			

冷蔵庫残り物チェックリスト

※コピーして使用しましょう。

冷蔵室

- □ 鮭（　）切れ
- □ サバ（　）切れ
- □ 豚ひき肉（　）g
- □ 豚こま切れ肉（　）g
- □ 豚バラ肉（　）g
- □ 鶏ひき肉（　）g
- □ 鶏むね肉（　）g
- □ 鶏もも肉（　）g
- □ 牛切り落とし肉（　）g
- □ ハム（　）枚
- □ ウインナー（　）袋
- □ ベーコン（　）枚
- □ 豆腐（　）丁
- □ 納豆（　）パック
- □ 厚揚げ（　）枚
- □ 油揚げ（　）枚
- □ ちくわ（　）本
- □ カニ風味かまぼこ（　）パック
- □ 卵（　）個
- □ 牛乳（　）パック
- □ ....（　）
- □ ....（　）
- □ ....（　）
- □ ....（　）
- □ ....（　）

野菜室

- □ キャベツ（　）個
- □ レタス（　）個
- □ 大根（　）本
- □ きゅうり（　）本
- □ もやし（　）袋
- □ 長ねぎ（　）本
- □ 小松菜（　）袋
- □ ほうれん草（　）袋
- □ チンゲン菜（　）袋
- □ 水菜（　）袋
- □ 豆苗（　）袋
- □ トマト（　）個
- □ ミニトマト（　）個
- □ しめじ（　）パック
- □ しいたけ（　）個
- □ えのきたけ（　）袋
- □ ....（　）
- □ ....（　）
- □ ....（　）
- □ ....（　）
- □ ....（　）
- □ ....（　）
- □ ....（　）
- □ ....（　）
- □ ....（　）
- □ ....（　）

常温

- □ じゃがいも（　）個
- □ 玉ねぎ（　）個
- □ にんじん（　）本
- □ ごぼう（　）本
- □ ツナ缶（　）缶
- □ コーン缶（　）缶
- □ トマト缶（　）缶
- □ ....（　）
- □ ....（　）
- □ ....（　）
- □ ....（　）
- □ ....（　）
- □ ....（　）

冷凍室

- □ 冷凍いんげん（　）袋
- □ ミックスベジタブル（　）袋
- □ ....（　）
- □ ....（　）

※食材名の記載がないスペースは、リストにない食材を書いてご活用ください。

143

あおにーな

Nadia Artist、簡単・時短料理、作りおき料理研究家。料理歴30年の主婦。スーパーに必ずある食材や調味料を使い、安くて早くておいしいをモットーにしたレシピをYouTubeやレシピサイトNadiaで発信。YouTubeチャンネル「あおにーな作りおきキッチン」は登録者数13万人超え、平日5日分、家族4人分の作りおき節約献立が話題を集める。現在、雑誌やテレビなど多方面でも精力的に活動中。

YouTube：https://www.youtube.com/@ao27_seikatsu
Instagram：https://www.instagram.com/ao27_seikatsu/

Nadia Artistとしても活躍中！
レシピサイト「Nadia」公式サイト
https://oceans-nadia.com/user/638366

STAFF
デザイン／谷由紀恵 編集／上野真依
DTP／阪口雅巳（エヴリ・シンク） 制作協力／Nadia 株式会社
調理・撮影・スタイリング／あおにーな （葛城嘉紀、黒澤 佳、勝間田篤子）
校正／一條正人

週末にパパっと作って、平日は食べるだけ！
1週間3000円作りおきレシピ

2023 年 3 月 16 日　初版発行
2024 年 7 月 25 日　5 版発行

著　者　あおにーな
発行者　山下直久
発　行　株式会社 KADOKAWA
　　　　〒102-8177 東京都千代田区富士見 2-13-3
　　　　電話 0570-002-301（ナビダイヤル）
印刷所　TOPPANクロレ株式会社